TOP 10

MIAMI

E KEYS

JEFFREY KENNEDY

PUBLIFOLHA

Deco District; Jogo de dominó, Little Havana

UM LIVRO DORLING KINDERSLEY

www.dk.com

Coordenação do projeto
Publifolha
Editor assistente: Thiago Barbalho
Coordenadora de produção gráfica: Mariana Metidieri

Produção editorial
Página Viva
Tradução: Carlos Mendes Rosa
Edição: Carlos Tranjan
Revisão: Beatriz Chaves, Mariana Nascimento
Diagramação: Priscylla Cabral

Dados Internacionais de Catalogação na Publicação (CIP)
(Câmara Brasileira do Livro, SP, Brasil)

Kennedy, Jeffrey
Top 10 Miami e Keys / Jeffrey Kennedy ; [tradução Carlos Mendes Rosa]. – São Paulo : Publifolha, 2014.

Título original: DK Eyewitness Top 10 Miami & the Keys.
ISBN 978-85-7914-537-7

1. Miami (Cidade) - Descrição e viagens – Guias I. Título.

14-01803 CDD-917.59381

Índices para catálogo sistemático:
1. Guias de viagem : Miami 917.59381
2. Miami : Guias de viagem 917.59381

Este livro segue as regras do Acordo Ortográfico da Língua Portuguesa (1990), em vigor desde 1º de janeiro de 2009.

Impresso na South China, China.

PUBLIFOLHA
Divisão de Publicações do Grupo Folha
Al. Barão de Limeira, 401, 6º andar
CEP 01202-900, São Paulo, SP
Tel.: (11) 3224-2186/2187/2197
www.publifolha.com.br

Sumário

Top 10 Miami

As listas Top 10 não estão em ordem de qualidade ou popularidade. As 10 atrações, na opinião dos editores, são iguais em importância.

Foi feito o possível para garantir que as informações deste livro fossem as mais atualizadas disponíveis até o momento da impressão. No entanto, alguns dados como telefones, preços, horários de funcionamento e informações de viagens estão sujeitos a mudanças. Os editores não podem se responsabilizar por qualquer consequência do uso deste guia nem garantir a validade das informações contidas nos sites indicados.

Os leitores interessados em fazer sugestões ou comunicar eventuais correções podem escrever para a Publifolha, Al. Barão de Limeira, 401, 6º andar, CEP 01202-900, São Paulo, SP, ou enviar um e-mail para atendimento@publifolha.com.br

Capa – **DK Images:** Max Alexander be; **Robert Harding Picture Gallery:** age fotostock/Angelo Cavalli principal. Lombada – **DK Images:** Peter Wilson b. Contracapa – **DK Images:** Angus Oborn ac; Peter Wilson ae; **Getty Images:** Panoramic Images ad.

Centro de Miami; Praia, Fort Lauderdale

Área por Área

Dicas de Viagem

Travessa da Worth Avenue, Palm Beach; Biltmore Hotel, Coral Gables

COLONY
HO

TOP 10 MIAMI

TOP 10 MIAMI

Top 10 Destaques de Miami

No que tem de melhor, Miami é sinônimo de tons suaves e ventos mornos, aveludados – um devaneio tropical. A cultura é sensual e física, muito marcada por ritmos e sotaques caribenhos. As atividades ao ar livre predominam, nas praias de fama mundial e nas águas turquesa; a vibrante vida noturna atrai os que buscam prazer, e por todo o canto encontram--se importantes atrações históricas.

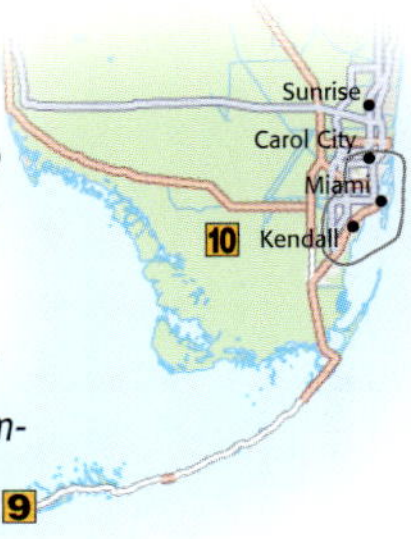

1 Vida em SoBe
Desde que *Miami Vice (p. 72)* chamou a atenção para essa área, os hedonistas vão à busca das praias e da vida noturna *(pp. 8-9)*.

2 Deco District
A caprichosa arquitetura de South Beach resumia-se à Paris dos anos 1920 *(p. 13)*, mas com o tempo sofreu influências férteis e exóticas e desabrochou no Art Déco Tropical da Flórida *(pp. 10-3)*.

3 Calle Ocho, Little Havana
A cubanização de Miami transformou-a de balneário pacato numa megalópole dinâmica. Little Havana alimenta a sensação de que a cidade tem coração latino-americano *(pp. 14-5)*.

4 Vizcaya Museum and Gardens
A aspiração de um homem imensamente rico ao esplendor europeu e seu gosto pela herança artística ocidental levaram à criação daquele que talvez seja o maior tesouro cultural de Miami *(pp. 16-7)*.

5 Merrick's Coral Gables Fantasies
O boom dos anos 1920 levou à construção não só de prédios, mas de uma identidade. George Merrick aceitou o desafio e criou lugares fantásticos que ainda mexem com a imaginação *(pp. 18-9)*.

Nas páginas anteriores, **Colony Hotel, South Beach**

6 Lowe Art Museum

Esse importante museu, criado por doação de George Merrick, tem cerca de 17.500 obras de arte, a exemplo de obras-primas de culturas do mundo inteiro e de todas as eras *(pp. 20-1)*.

The Wolfsonian-FIU 7

Esse esplêndido museu (iniciado por uma empresa de armazéns) deve muito à paixão de seu fundador por colecionar arte gráfica do século XX e objetos artísticos de 1885 a 1945 *(pp. 22-3)*.

8 Gold Coast Highway A1A

A rodovia A1A envolve as areias da Costa do Ouro, serpenteando pelas regiões mais ricas e mais lindas da Flórida *(pp. 24-5)*.

Key West 9

Essa região mítica faz jus à reputação de lugar gratuito mais diferente dos EUA – uma mistura de tradições marítimas e estilo de vida relaxado *(pp. 26-7)*.

10 Everglades

Ocupando a maior parte do sul da Flórida, os Everglades são um vasto mar de pântanos e capim--serra, pontilhados de florestas subtropicais e animais em profusão. São também o lar dos índios seminoles micossuques *(pp. 28-9 e p. 41)*.

TOP 10 A Vida em SoBe

O apelido do lindo bairro de South Beach de Miami foi inspirado no do SoHo de Manhattan – e o local tornou-se tão atraente e fascinante quanto o homólogo nova-iorquino. Hoje, a "Riviera Americana" é uma mistura animada de praia, danceteria, bate-papo e elegância alternativa que atrai admiradores de todo o mundo. Porém, a face requintada de SoBe também se mescla na medida certa à cafonice e à vulgaridade.

News Café

É uma dificuldade estacionar em qualquer ponto. Se achar um lugar, largue o carro e ande. Alimente o parquímetro com um monte de moedas se preferir não estacionar numa das garagens.

Veja como SoBe é de verdade – vá ao News Café, o melhor local para observar gente e o movimento.

Mapa R-S 3-6
• News Café: 305-538-6397; aberto 24h
• The Villa by Barton G: 305-576-8003; restaurante aberto a partir das 19h diariam
• Miami Beach Cinematheque: 305-673-4567

Destaques

1. Ocean Drive
2. Lummus Park Beach
3. News Café
4. The Villa by Barton G.
5. Cabanas dos Salva-Vidas
6. Avenidas Collins e Washington
7. Old City Hall
8. Española Way
9. Lincoln Road Mall
10. Boates de SoBe

1 Ocean Drive

Andar, patinar ou pedalar por esse caminho à beira-mar é o que fazem os moradores. Da 6th Street para o norte, você vê atletas sarados e bronzeados, a abundante arquitetura bege art déco *(pp. 10-3)* e os cafés, de onde se acompanha o movimento.

2 Lummus Park Beach

Esse trecho movimentado de parque e praia de 390m *(abaixo)* ocupa dez quadras, da 5th St para o norte. A maior parte da areia foi importada.

3 News Café

O café-restaurante da Ocean Drive 800 continua sendo o polo da vida social de SoBe. Leia um jornal, disponível em várias línguas, durante o café da manhã completo – ou só observe o movimento.

Posto da Beach Patrol

4 The Villa by Barton G.

Esse prédio de estilo Renascimento Mediterrâneo na 1114 Ocean Drive contém um hotel de luxo e um restaurante dirigido pelo célebre Barton G. Weiss. Gianni Versace morou na mansão até morrer, em 1997.

5 Cabanas dos Salva-Vidas

O furacão de 1992 destruiu os postos de salva-vidas, e então vários artistas, como Kenny Scharf, os substituíram por construções graciosas. As mais interessantes dessas cabanas estão entre as ruas 10th e 16th.

Veja o Deco District nas **pp. 10-3**

6 Avenidas Collins e Washington

Essas primas criativas da Ocean Drive têm lojas ousadas, boates da moda e belos prédios art déco, entre eles o Miami Beach Post Office.

7 Old City Hall

Esse edifício bege do Renascimento Mediterrâneo *(esq.)* é um marco dos anos 1920 em SoBe. Seu telhado vermelho é visto a quadras de distância. Hoje ele abriga o cinema Miami Beach Cinematheque.

8 Española Way

Entre as ruas 14th e 15th e as avenidas Collins e Meridian, a Española Way é um encrave de estilo Renascimento Mediterrâneo de estuque cor de salmão, toldos listrados e telhado vermelho. Hoje, abriga butiques e galerias de arte incomuns. Erigido em 1922-25, seria uma colônia de artistas, mas se tornou uma indecorosa zona de prostíbulos em certa época de sua história.

9 Lincoln Road Mall

Feito nos anos 1920 para ser um distrito comercial chique na década de 1960 o Lincoln Road Mall *(abaixo)* virou uma das primeiras ruas de pedestres, com uma série de lojas, restaurantes e galerias.

10 Boates de SoBe

A maioria das principais casas noturnas de South Beach situa-se nas avenidas Washington e Collins, entre as ruas 5th e 6th. Poucas abrem antes da meia-noite. Há boates hétero, gay ou mista *(pp. 76-7)*.

Renascença Gay

South Beach é hoje um destino de férias gay que ganhou fama em todo o mundo. Trata-se da terceira maior comunidade homossexual nos Estados Unidos. As bandeiras com arco-íris indicam empresas simpatizantes. Os festejos gays atraem milhares de estrangeiros às raves e festas de praia que viram a noite, e muitos hotéis só recebem hóspedes homossexuais. A cultura da beleza física vai de vento em popa – junto com a maré de festeiros, a região torna-se um vasto playground de orientações sexuais. Os gays têm influência política considerável, tanto na cidade como no estado.

Veja mais sobre a vida noturna em SoBe nas **pp. 58-9**

Deco District

O Distrito Art Déco de SoBe consiste em cerca de 800 edifícios tombados – os melhores deles na Ocean Drive. Essa esplêndida profusão de construções personifica um modo peculiar de interpretação da Art Déco, que tomou conta do mundo nos anos 1920 e 1930. Sua versão na Flórida costuma ser chamada Tropical Deco (pp. 12-3)*, adequada à vida com diversão e sol. Os hotéis quase sempre pareciam navios (Nautical Moderne) ou lembravam velocidade (Streamline Moderne).*

Park Central

Há visitas guiadas diárias e pode-se pagar uma visita autoguiada com áudio no Art Deco Welcome Center.

O Mango's Tropical Café, na Ocean Drive 900, faz jus a tudo que seu nome insinua – enfeitado e quente, sempre muito agitado.

Mapa R-S 3-4 • Miami Design Preservation League e Art Deco Welcome Center, 1001 Ocean Drive (com rua 10th), no Oceanfront Auditorium (305-531-3484 ou 305-763-8026) • 11h-16h diariam • Passeios guiados: 10h30 diariam (também 18h30 qui)

Destaques

1. Park Central
2. Beacon Hotel
3. Colony Hotel
4. Waldorf Towers
5. Breakwater Hotel
6. The Tides
7. Essex House
8. Leslie Hotel
9. Cardozo Hotel
10. Cavalier Hotel

1 Park Central

De 1937, é um dos melhores prédios de Henry Hohauser, mais famoso arquiteto de Miami à época. Ele usou o tema náutico com enorme propriedade.

2 Beacon Hotel

A decoração abstrata acima do térreo do Beacon foi reavivada com uma paleta de cores modernas, um exemplo do "Deco Dazzle", criado pelo desenhista industrial Leonard Horowitz nos anos 1980.

3 Colony Hotel

Talvez o mais famoso dos hotéis déco na vizinhança, sobretudo porque seu letreiro de néon azul *(esq.)* apareceu em muitos filmes e seriados de TV.

4 Waldorf Towers

Eis um dos primeiros exemplos (1937) do Nautical Moderne, onde o estilo é levado a um extremo esperado no famoso farol ornamental na cobertura do hotel. Torres de enfeite estavam em voga entre os arquitetos do estilo déco.

5 Breakwater Hotel

Clássico hotel no estilo Streamline Moderne *(esq.)*, é de 1939. Tem "faixas de corrida" azuis e brancas, que dão impressão de velocidade, e uma notória torre central, que evoca tanto a chaminé de um vapor quanto um totem indígena.

6 The Tides

Obra-prima art déco, o Tides lembra um transatlântico luxuoso. Todas as 45 amplas suítes dão vista para o mar; cada hóspede tem direito a um assistente pessoal. A Goldeneye Suite tem banheira de água quente no centro do quarto.

7 Essex House

A Essex House, de Hohauser *(acima)*, é tida como um dos melhores exemplos da arquitetura art déco marítima. Erigido em 1938, o prédio lembra muito um navio, com vigias e toldos que parecem grades de proteção. É fácil achar esse marco: basta procurar a torre fina iluminada por néon.

8 Leslie Hotel

O Leslie (1937) é branco e amarelo com detalhes cinza *(abaixo)* – esquema de cores predileto na Ocean Drive. De início, porém, a pintura déco era bem simples, em geral branca, apenas com as molduras coloridas. Os fundos dos prédios também não eram pintados, pois o dinheiro andava curto nos anos 1930 e só dava para alegrar a fachada. Por dentro, há matizes de turquesa e rosa-claro.

9 Cardozo Hotel

Projeto posterior de Hohauser (1939) e o favorito de Barbara Capitman *(p. 13)*, o Cardozo é uma obra-prima do Streamline, na qual o detalhe da Art Déco tradicional cede lugar a quinas arredondadas, faixas aerodinâmicas de carros de corrida e outras expressões da modernidade. O piso do terraço utiliza um tipo barato de mármore para dar elegância. O hotel foi reaberto em 1982 e hoje pertence à cantora Gloria Estefan.

10 Cavalier Hotel

Hotel art déco tradicional *(esq.)*, que contrasta bem com o Cardozo, mais novo, logo ao lado. Se este enfatiza a horizontalidade e um vago tema náutico, o Cavalier ostenta fachada rigorosamente vertical e lembra um templo. Esse tema é enfatizado pelos lindos frisos verticais ornamentados de estuque, lembrando os desenhos geométricos de serpente dos astecas e de outras culturas centro-americanas.

Veja detalhes sobre os hotéis art déco de SoBe na **p. 147**

Motivos impressionantes nos prédios déco tropicais

TOP 10 Traços do Art Déco Tropical

1 Motivos Tropicais
Entre eles estão palmeiras, panteras, orquídeas e aligátores, mas sobretudo aves, como flamingos e grous.

2 Cores de Sorvete
Na verdade, a maioria dos prédios déco era branca de início, com algumas molduras pintadas. A rica paleta pastel atual do "Resplendor Déco" foi inovação de Leonard Horowitz, projetista de Miami e, nos anos 1980, colaborador de Barbara Capitman, principal impulsionadora da criação do Distrito Art Déco de Miami.

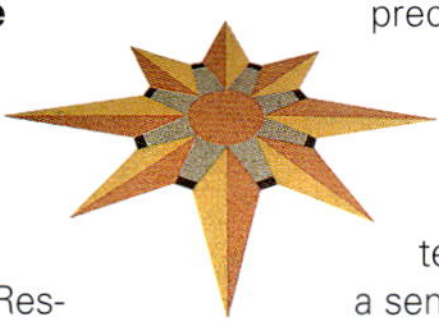

Motivo de sol raiado, Cardozo

3 Traços Náuticos
Que melhor lembrança há do mar e seus prazeres do que vigias e grades de convés? Alguns prédios lembram navios encalhados.

4 Curvas e Linhas
A sugestão de velocidade é a essência do estilo Streamline Moderne – um reconhecimento implícito do poder da tecnologia.

5 Frisos de Estuque em Baixo-Relevo
Essas faixas esculturais deram aos desenhistas possibilidades infinitas de misturar motivos e temas antigos e modernos.

Friso "asteca", Cavalier

6 Padrões Geométricos Estilizados
Foram uma alusão à extrema modernidade do Cubismo, além de, outra vez, ao poder e à precisão da tecnologia, defendida nos preceitos da Bauhaus.

7 Torres Fantásticas
Muitos prédios déco tentam dar ao espectador a sensação de algo mítico – torres que remetem a costas distantes ou visões exaltadas – que também anuncie com eficiência o nome do hotel.

8 Néon
Empregada mais para traçar o contorno de elementos arquitetônicos, a iluminação de néon, com sedutora gama de cores, ganhou vida própria com o Déco Tropical.

9 Cromados
Qual detalhe diz melhor "moderno" do que um traço prateado frio e imperturbável? Empregam-se os cromados como detalhe nos edifícios déco.

10 Blocos de Vidro
Usados para fazer muitas paredes déco, os blocos de vidro dão sensação de leveza numa área dos EUA em que se vive dentro e fora o ano todo.

Veja mais maravilhas da arquitetura em Miami e nas redondezas nas **pp. 46-7**

Top 10 Arquitetos

1. **Henry Hohauser** Park Central, Colony, Edison, Cardozo, Governor, Essex, Webster, Century, Taft
2. **Albert Anis** Clevelander, Waldorf, Avalon, Majestic, Abbey, Berkeley Shore, Olympic
3. **Anton Skislewicz** Breakwater, Kenmore
4. **L. Murray Dixon** Tiffany, Palmer House, Fairmont, Tudor, Senator, St. Moritz
5. **Igor B. Polevitsky** Shelborne
6. **Roy F. France** Cavalier
7. **Robert Swartburg** Delano, The Marseilles
8. **Kichnell & Elliot** Carlyle
9. **Henry O. Nelson** Beacon
10. **Russell Pancoast** Bass Museum

Deslumbre Déco

Nos anos 1980, cerca de 150 edifícios foram coloridos por Leonard Horowitz, incomodando os puristas.

A História do Déco Tropical

Streamline Moderne

O estilo Art Déco tomou o primeiro plano no mundo após a Exposição de Paris de 1925, sintetizando todos os tipos de influência, das formas floridas da Art Nouveau, da Bauhaus e das imagens egípcias aos padrões geométricos do Cubismo. Nos EUA dos anos 1930, os prédios art déco refletiram a crença de que a tecnologia era progresso e absorveram a velocidade e a agudeza da Era das Máquinas e também as fantasias da ficção científica e até um quê de misticismo antigo. O emocionante estilo novo era tudo de que se necessitava para contra-atacar a melancolia da Grande Depressão e dar aos americanos uma visão coesa para o futuro. Em Miami, o estilo foi adotado e embelezado com exuberância, ganhando vários motivos locais e se tornando o "Déco Tropical". Todavia, seus dias de glória inicial não durariam muito. Muitos hotéis viraram quartéis durante a Segunda Guerra Mundial e foram demolidos depois. Felizmente, Barbara Baer Capitman travou uma batalha famosa para preservar os prédios. O Miami Beach Historic District foi criado em 1979.

TOP 10 Calle Ocho, Little Havana

Há cubanos em todo o sul da Flórida, mas Little Havana tem sido a pátria substituta desde que eles começaram a fugir de Cuba nos anos 1960. Não espere muitas atrações nesse bairro – compensa mais gastar o tempo nas ruas, assimilando o clima. O coração da área é a Southwest 8th Street, mais conhecida por seu nome espanhol, Calle Ocho. É melhor conhecer a pé seu trecho mais animado, entre as avenidas SW 11th e SW 17th, mas chega-se mais fácil a outros pontos interessantes de carro.

Chama perpétua

Mural na Calle Ocho

Você vai se sair bem melhor nesse bairro se falar um pouco de espanhol, sobretudo nas lojas ou ao telefonar para estabelecimentos.

O Versailles (nº 6) é uma parte imperdível de Little Havana. A degustação de comidas cubanas para o neófito conta com croquete, porco assado e banana-da-terra.

Mapa J-M 2-3 • El Crédito 1100 SW 8th St com SW 11th Ave, 305-858-4162, aberto 9h-17h seg-sex, 9h-16h sáb • Versailles Restaurant, 3555 SW 8th St, com SW 35th Ave, 305-444-0240 • $$$

Destaques

1. El Crédito
2. Brigade 2506 Memorial no Cuban Memorial Blvd
3. Domino Park
4. Plaza de la Cubanidad
5. Little Havana To Go
6. Versailles Restaurant
7. Botánica El Aguila Vidente
8. Calle Ocho Walk of Fame
9. Woodlawn Cemetery
10. José Martí Riverfront Park

1 El Crédito

Fábrica autêntica de charutos *(acima)* e loja que vende a famosa marca La Gloria Cubana. As folhas vêm da República Dominicana, supostamente de sementes cubanas.

Fachada da Botánica em Little Havana

2 Brigade 2506 Memorial no Cuban Memorial Boulevard

Uma chama perpétua *(acima)* homenageia os cubano-americanos que morreram na invasão da baía dos Porcos em 1961. Outros monumentos lembram os heróis cubanos Antonio Maceo e José Martí, que lutaram contra os espanhóis nos anos 1800.

3 Domino Park

Há décadas os homens cubanos reúnem-se na esquina da SW 15th Ave para comprovar sua habilidade em renhidos jogos de dominó *(dir.)*. O pavilhão e o pátio foram feitos para os jogadores em 1976.

Veja mais sobre locais de arte, lojas e restaurantes latinos nas **pp. 87-9**

4 Plaza de la Cubanidad

Na praça há um mapa de bronze de Cuba e bandeiras *(acima)* no quartel-general do Alpha 66, grupo anticastrista mais radical de Miami.

5 Little Havana To Go

Se você se interessa por lembranças cubanas, essa é a loja certa. Há charutos, música, roupas, arte e pôsteres à venda e também uma réplica de uma lista telefônica de 1958, com nomes e seus telefones e páginas amarelas.

6 Versailles Restaurant

Não saia de Miami sem comer ao menos um petisco nessa casa lendária. É uma versão cubana de lugar chique, cheia de espelhos e com um constante vozerio.

7 Botánica El Aguila Vidente

Santería é uma religião cubana que mistura catolicismo, cultura iorubá da Nigéria e práticas indígenas. Essa *botánica* é um dos muitos estabelecimentos que oferecem toda a parafernália e consultas espirituais.

8 Calle Ocho Walk of Fame

Uma das poucas atrações que Little Havana oferece ao turista comum. Imitando Hollywood, estrelas de mármore rosa incrustadas na calçada *(acima)* reconhecem não só celebridades cubanas – a começar pela cantora de salsa Celia Cruz, em 1987 –, mas também hispânicas famosas com laços no sul da Flórida.

9 Woodlawn Cemetery

Abriga os restos de dois ex-presidentes cubanos, Gerardo Machado e Carlos Prías, do ditador nicaraguense Anastasio Somoza e do fundador da Fundação Nacional Cubano-Americana.

10 José Martí Riverfront Park

Esse parque pequeno e bonito, que em parte está sob a I-95, foi criado em 1985 para celebrar a luta cubana pela liberdade. O lugar virou cidade de moradias provisórias para muitos dos 125 mil refugiados cubanos sem-teto em 1980.

Top 10 Cultura Importada

1. Charutos
2. Salsa, mambo, bolero, merengue (ritmos)
3. *Santería* (sistema de crenças míticas)
4. Língua espanhola
5. *Cafecito* (cafezinho à cubana)
6. Feijão-preto e banana-da-terra
7. *Guayaberas* (camisas)
8. Gloria Estefan
9. *The Buena Vista Social Club* (filme)
10. *Antes do anoitecer* (filme)

Vizcaya Museum and Gardens

Pode ser um pastiche inventado, mas o Vizcaya Museum é sem dúvida grandioso, glorioso, e dá a sensação de autêntica mansão europeia. Era isso que pretendiam seus construtores, o magnata industrial James Deering, o projetista Paul Chalfin e o arquiteto F. Burrall Hoffman, no início do século XX. Incorporando estilos de um período de 400 anos, tanto os genuínos quanto as imitações se unem com habilidade para evocar outra cultura, outro continente, outra era.

A mansão, com jardins formais

Casa de Chá

Faça visitas guiadas para ouvir as histórias sobre os luxos da sra. Deering, além de superstições, lendas e particularidades sobre a mobília e a decoração.

O café, no lado norte da casa, constitui uma surpresa culinária agradável.

Mapa L6
• 3251 South Miami Ave
• 305-250-9133
• www.vizcayamuseum.org
• 9h30-16h30 qua-seg
• Fechado Ação de Graças e Natal
• Entrada paga US$15; crianças 6-12 US$6; menores de 5 grátis

Destaques

1. Jardins Formais
2. Loggia Leste
3. Sala de Estar Renascentista Italiana
4. Salão de Música Rococó
5. Salão do Café da Manhã
6. Banheiro Empire
7. Sala de Jantar Renascentista Italiana
8. Sala de Visitas do Rococó Francês
9. Saguão de Entrada e Biblioteca Neoclássicos
10. Piscina

2 Loggia Leste

Esse pórtico enquadra vistas magníficas do mar e o curioso quebra-mar chamado de Barge. Esculpido com o formato de um grande navio, ele compõe um primeiro plano perfeito para Key Biscayne, que está ao largo da costa.

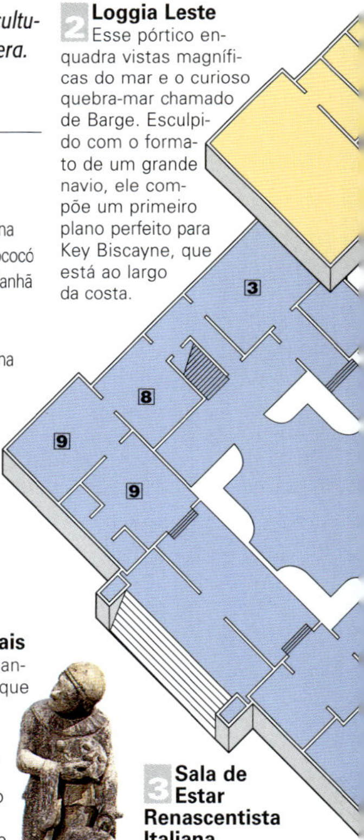

1 Jardins Formais

Os jardins da mansão talvez sejam o que mais encanta. Os diversos chafarizes de pedra entalhada com primor, as estátuas *(dir.)* e o belo paisagismo proporcionam uma miríade de vistas harmoniosas e sempre diferentes. O Jardim Secreto esconde a melhor parte do talento artístico.

3 Sala de Estar Renascentista Italiana

Ela contém um trípode de mármore da era romana de 2 mil anos, um tapete hispano-mourisco do século XV, uma tapeçaria dos *Trabalhos de Hércules* e um dossel napolitano.

Veja outros locais históricos nas **pp. 44-5**

4 Salão de Música Rococó

Cheio de flores e miudezas, o salão *(esq.)* é embelezado por um cravo italiano de 1619, um saltério e uma harpa.

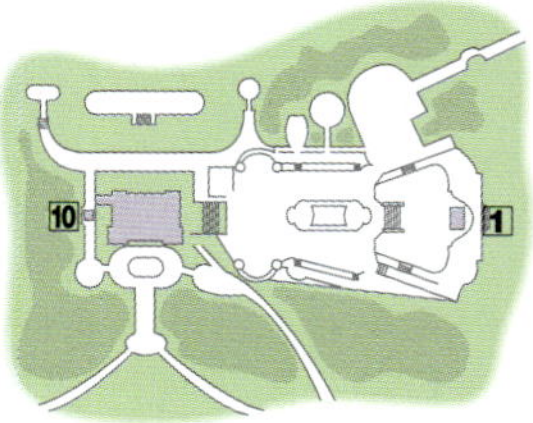

5 Salão do Café da Manhã

Quatro enormes leões de Fu chineses de cerâmica guardam a escada da sala talvez mais bombástica da mansão.

6 Banheiro Empire

Poucos banheiros no mundo são mais enfeitados que esse de mármore, prataria e dourações *(abaixo)*. A banheira tinha água doce ou água do mar da Biscayne Bay.

7 Sala de Jantar Renascentista Italiana

Outro eco do antigo gosto italiano, exibindo uma mesa romana de 2 mil anos, tapeçarias do século XVI e um jogo de cadeiras do século XVII.

8 Sala de Visitas do Rococó Francês

O conjunto é uma mistura de estilos, mas no todo parece um salãc do rei francês Luís XV (séc. XVIII). O teto, de gesso pintado, é de um palácio veneziano.

Legenda

- Térreo
- Primeiro andar
- Jardins

9 Saguão de Entrada e Biblioteca Neoclássicos

Ainda que do século XVIII, o ambiente é bem mais sóbrio nessas salas de estilo neoclássico inglês, inspiradas na obra de Robert Adam.

10 Piscina

Essa piscina *(acima)* estende-se por sob a casa. Suas paredes são decoradas com conchas e representações da vida marinha, e no teto há afrescos. O projeto lembra casas italianas dos canais de Veneza.

Sonho de Deering

Dinheiro não era problema para o industrial James Deering. Ele queria que sua casa de inverno desse a sensação de história da família e luxo. Comprou e importou objetos europeus e os reuniu nessa mansão de localização ideal junto ao mar.

TOP 10 Merrick's Coral Gables Fantasies

Coral Gables, um dos bairros mais ricos dos EUA, é uma cidade à parte dentro da Grande Miami. Faz jus ao apelido de Cidade Linda, suas casas estilosas sucedendo-se em avenidas sombreadas por enormes figueiras e carvalhos, com canais ocultos. O regulamento obriga novas construções a usar o mesmo estilo arquitetônico escolhido por George Merrick quando planejou a comunidade nos anos 1920. O gosto de Merrick às vezes lembrava o de Disney, mas ele sem dúvida criou um lugar fantástico que não perdeu o impacto estético.

Chinese Village

George Merrick

Pode ser complicado dirigir em Coral Gables. Muitas ruas têm dois nomes e as placas são escritas em blocos de barro no chão, dificultando a leitura, ainda mais à noite.

Prove as excelentes saladas e sopas da Books and Books, na 265 Aragon Ave, onde também se pode mergulhar fundo na história local.

Mapa F-G 3-4
• Venetian Pool: 2701 De Soto Blvd; 305-460-5306; aberta 10h-16h30 ter-dom
• Congregational Church: 3010 De Soto Blvd; 305-448-7421; ofícios 9h e 11h dom

Destaques

1. Biltmore Hotel
2. Venetian Pool
3. Chinese Village
4. Congregational Church
5. Dutch South African Village
6. French Normandy Village
7. French Country Village
8. French City Village
9. Italian Village
10. Florida Pioneer Village

1 Biltmore Hotel

A obra-prima de Merrick foi reformada e recuperou o esplendor original, ao custo de mais de US$55 milhões *(abaixo)*. Construído em 1926, o hotel ainda é um dos mais importantes do país. Serviu de hospital militar durante a Segunda Guerra Mundial e foi hospital de veteranos até 1968. A réplica de 396m da Torre de Giralda, de Sevilha, é um marco de Coral Gables (veja também a Freedom Tower, p. 83).

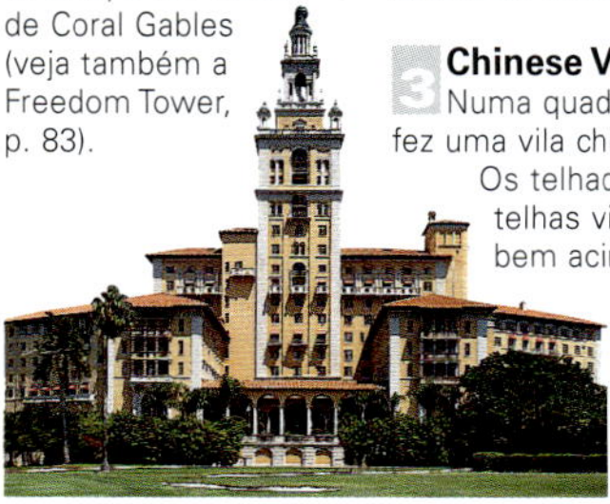

2 Venetian Pool

A presunção de que essa é a piscina mais linda do mundo é justa *(acima e p. 99)*. Com cascatas e uma gruta, a Piscina Veneziana foi construída com corais em 1923 por Denman Fink e Phineas Paist, sócios de Merrick.

3 Chinese Village

Numa quadra inteira se fez uma vila chinesa murada. Os telhados curvos, de telhas vitrificadas, sobem acima das árvores com os vibrantes vermelhos e amarelos chineses e os motivos de bambu.

Veja mais sobre Coral Gables e o bairro vizinho, Coconut Grove, nas **pp. 98-105**

4 Congregational Church

A primeira igreja de Coral Gables *(acima)*, feita por Merrick no estilo Barroco Espanhol, é réplica de uma igreja da Costa Rica.

5 Dutch South African Village

A frivolidade barroca do hemisfério Norte une-se à praticidade do clima quente. Esse grupo de casas imita as fachadas altas e os rolos típicos da arquitetura holandesa, junto com paredes brancas de estuque e telhados vermelhos mediterrâneos. O estilo evoluiu com a adaptação dos bôeres ao clima africano.

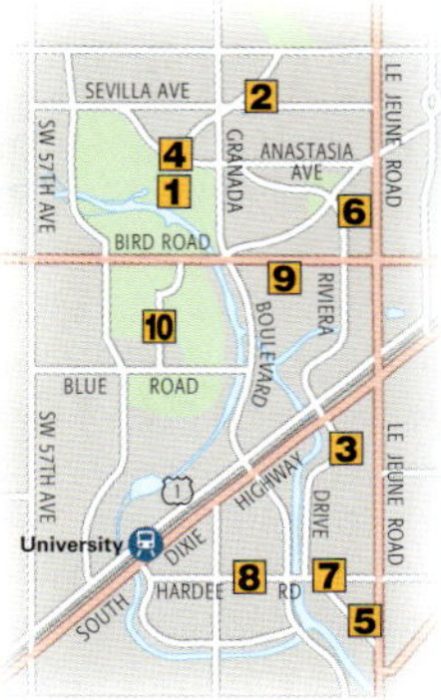

6 French Normandy Village

Mais homogênea de todas as vilas de Coral Gables, é toda de pura marcenaria, estuque branco e telhados de cedro. Pequenas alcovas e jardins aqui e ali completam a imagem de cartão-postal.

7 French Country Village

Sete mansões construídas em estilos diversos típicos do interior francês. Algumas têm madeira vazada, pedra, tijolo e telhado de cedro; outras lembram uma granja típica. Uma delas exibe uma torreta maravilhosa.

8 French City Village

Nesse local você depara com nove graciosos *petits palais* no estilo grandioso francês, parecendo que uma quadra inteira de Paris foi transplantada. A criação mais requintada está na esquina norte das ruas Cellini e Hardee.

9 Italian Village

Mansão típica do estilo campestre italiano, com telhado vermelho e paredes de estuque pintadas. Como muitas construções posteriores repetiram o tema, as criações de Merrick quase se perdem na mistura.

10 Florida Pioneer Village

Imitações das casas de fazenda e coloniais feitas pelos primeiros aristocratas da Flórida. O estilo combina os pórticos neoclássicos colunados com as paredes de estuque da tradição colonial.

Merrick, o Visionário

O sonho de Merrick era construir uma Veneza americana. O colossal projeto ocupava o maior empreendimento imobiliário dos anos 1920, ao custo de cerca de US$100 milhões. O furacão de 1926 e a quebra da Bolsa de Valores em 1929 deixaram incompleta a cidade e empobreceram Merrick, mas o que resta daquela visão é uma prova perene da imaginação dele.

Veja detalhes sobre hospedagem no Biltmore Hotel nas **pp. 99 e 146**

TOP 10 Lowe Art Museum

Fundado em 1950, o Lowe foi construído em 1950-52 graças à doação dos filantropos Joe e Emily Lowe, e desde então é o principal museu de arte de Miami. Mais de 17.500 peças exemplificam a maioria das tradições artísticas mundiais, inclusive do Renascimento e do Barroco. Como os colecionadores continuam doando obras, faz-se necessário expandir as galerias para exibir todas. Ainda assim, as obras mais significativas estão sempre expostas, a não ser que tenham sido emprestadas a outros museus.

Fachada do museu

Veja na loja do museu uma grande variedade de livros ilustrados sobre o acervo do Lowe.

Favorita local, a Titanic Brewing Company (5813 Ponce de Leon Blvd, 305-667-2537) oferece frutos do mar, música ao vivo e seis tipos de cerveja artesanal.

Mapa F3
- *1301 Stanford Drive*
- *305-284-3535*
- *www.lowemuseum.org*
- *10h-16h ter-sáb; 12h-16h dom*
- *Fechado seg e feriados nacionais*
- *Entrada paga US$10; meia-entrada (estudantes e idosos) US$5; crianças menores de 12 grátis*

Destaques

1. Egípcia
2. Greco-Romana
3. Asiática
4. Americana Antiga
5. Americana Nativa
6. Renascimento e Barroco
7. Vidraria Contemporânea e Artes de Estúdio
8. Latino-Americana
9. Africana
10. Século XVII a Europeia e Americana Contemporâneas

1 Egípcia

Essa coleção conta com tecidos cópticos – vários fragmentos intrigantes emoldurados expostos na parede. Há também uma máscara mortuária de sarcófago que parece joia, a qual pretende representar o rosto do morto.

2 Greco-Romana

A escultura clássica está representada por vários trabalhos em mármore, inclusive o busto de uma matrona romana. Um dos objetos mais bonitos é a cratera com figuras do século VI a.C. *(acima)*, retratando Apolo, Ártemis e Leto.

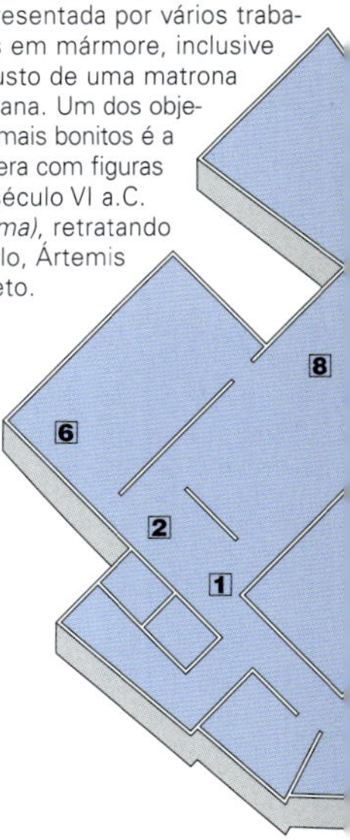

3 Asiática

Uma das coleções mais impressionantes do museu, com cerâmica chinesa magnífica *(esq.)*, além de peças de bronze e jade, e mais objetos de cerâmica do Neolítico ao século XX. Existem também ótimos representantes da arte clássica, folclórica e tribal da Índia.

Veja mais sobre os incríveis museus de Miami e das Keys nas **pp. 42-3**

4 Americana Antiga

Excelente coleção que cobre todas as épocas e áreas, de cerca de 1500 a.C. ao século XVI. Um jarro maia com desenho de um jaguar e osso humano é bem contundente. O disco de prato peruano do século XIV *(abaixo)* é muito raro.

5 Americana Nativa

Uma bolsa a tiracolo seminole *(esq.)* é o orgulho dessa coleção, lindamente confeccionada com milhares de continhas de vidro coloridas. A arte dos navajos, apaches e hôpis conta com tecidos, cerâmica, cestaria e bonecas do espírito *kachina*.

6 Renascimento e Barroco

A pequena mas belíssima coleção, composta principalmente de pinturas, tem obras de Tintoretto, Dosso Dossi, Jordaens, Lucas Cranach, o Velho, Palma Vecchio e Cozzarelli *(dir.)*.

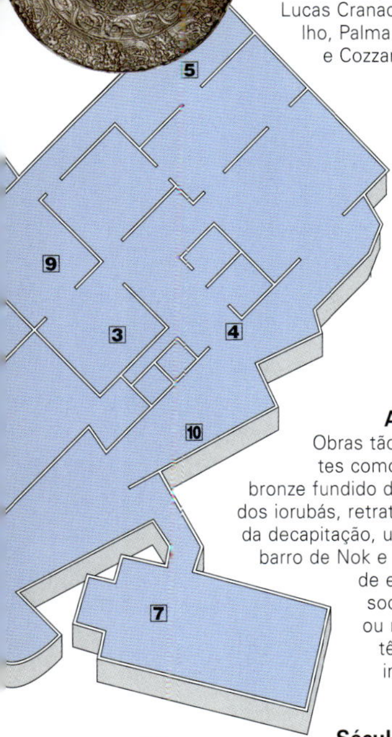

Vidraria Contemporânea e Artes de Estúdio 7

Essa fascinante coleção de objetos de vidro de US$3,5 milhões dispõe de obras de Dale Chihuly, Richard Jolley, William Carlson e outros.

Africana 9

Obras tão diferentes como um anel de bronze fundido do século XVI dos iorubás, retratando o ritual da decapitação, uma figura de barro de Nok e um conjunto de emblemas da sociedade ekpe ou ngbe – todas têm um poder incontestável.

8 Latino-Americana

O significativo acervo de obras do século XX tem artistas hispânicos como Fernando Botero, da Colômbia, e Carlos Alfonzo, nascido em Cuba.

Século XVII a Europeia e Americana Contemporâneas 10

Entre as obras esplêndidas em exposição permanente estão *Americanoom*, de Chryssa, *Modular Painting in Four Panels*, de Roy Lichtenstein, *Le Neveu de Rameau*, de Frank Stella, *Football Player (esq.)*, de Duane Hanson, e *Rex*, de Deborah Butterfield.

Guia do Museu

O Museu de Arte Lowe localiza-se no meio do campus da Universidade de Miami, que está no sul de Coral Gables e conta com fácil acesso pelo Miami Metrorail – basta seguir as placas. Não existe uma ordem correta para conhecer as coleções. Lembre-se de que várias das galerias cedem espaço com frequência a exposições temporárias especiais.

TOP 10 The Wolfsonian-FIU

Estranhamente, o museu teve início nos anos 1920 como Washington Storage Company – onde os ricos moradores de inverno de Miami guardavam seus pertences quando estavam fora. Enfim, em 1986, um certo Mitchell Wolfson Jr. decidiu comprar o imóvel para armazenar sua vasta coleção de restos do luxo da modernidade. O museu abriu ao público em 1995. Entre cerca de 200 mil objetos, há arte decorativa e publicitária, móveis e muito mais.

Fachada do Mediterranean--Revival Building

Há passeios grátis às sextas às 18h. Pode-se agendar passeios privados.

Vá à loja do museu pelos excelentes catálogos e para conhecer a biblioteca e o centro de visitantes.

Mapa R4
• 1001 Washington Ave, Miami Beach
• 305-531-1001
• www.wolfsonian.org
• Museu e Café Dynamo abertos 12h-18h seg, ter, sáb e dom; 12h-21h qui e sex
• Fechado feriados nacionais
• Adultos US$7; idosos e estudantes US$5

Destaques

1. Bridge Tender's House
2. Mediterranean-Revival Building
3. Saguão de Entrada
4. Chafariz
5. The Wrestler
6. Caixa Postal Art Déco
7. Teto, Lustres e Dobradiças
8. Escada de Madeira
9. Vitral de Harry Clarke
10. Exposições Temporárias

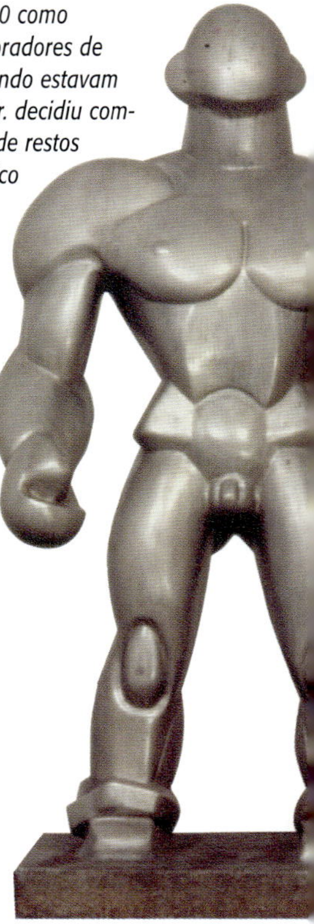

The Wrestler

1 Bridge Tender's House

Logo ao norte da entrada do Wolfsonian, essa notável construção hexagonal de 1939 é de aço inoxidável e foi concebida no estilo Art Moderne.

2 Mediterranean--Revival Building

O relevo no estilo do Barroco espanhol ao redor da entrada principal é um traço marcante. As braçadeiras e o remate do mastro de bronze são de 1914.

3 Saguão de Entrada

Os enormes suportes do teto *(abaixo)* espelham a fachada, típica do estilo Mediterranean Revival, e são originais da construção, bem como os pisos de lajotas, a madeira trabalhada sobre as portas que levam para o vestíbulo do elevador e as paredes de estuque áspero. Há também um chafariz art déco, e toda a obra de cantaria foi feita à mão.

Legenda

- Térreo
- Quarto andar
- Quinto andar
- Sexto andar

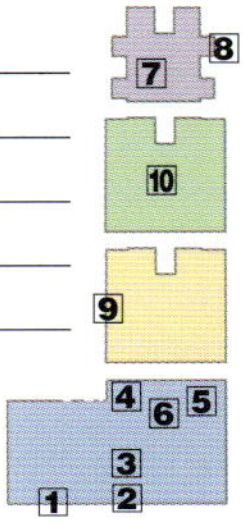

4 Chafariz

Posto embaixo de uma claraboia, o chafariz foi feito com uma rebuscada gelosia de janela déco tirada do Norris Theater, na Pensilvânia. Composta de mais de 200 ladrilhos de barro dourados e vitrificados, a rica decoração floral se contrapõe ao minucioso geometrismo da peça.

5 The Wrestler

Símbolo do Wolfsonian-FIU *(esq.)*, *O lutador* confronta os visitantes que vão ao elevador. A forma nua e musculosa de tamanho natural é feita toda de alumínio, talvez o metal emblemático da modernidade do século XX.

6 Caixa Postal Art Déco

À esquerda do elevador há uma linda caixa postal art déco de bronze de 1929 *(esq.)*, que era do New York Central Railroad Terminal, Buffalo.

7 Teto, Lustres e Dobradiças

Esses ornamentos únicos vieram de uma loja de carros de Miami dos anos 1920 e de um restaurante do Missouri.

8 Escada de Madeira

Essa bela peça da marcenaria moderna *(dir.)* é feita de pinho e aço. Desenhada por Wharton Esherick em 1935, veio da casa de Curtis Bok, em Gulph Mills, Pensilvânia.

9 Vitral de Harry Clarke

É impressionante o vitral *(abaixo)* feito para o prédio do Trabalho Internacional da Liga das Nações de Genebra, Suíça, em 1926-30.

10 Exposições Temporárias

A maior parte do espaço disponível é usada ao longo do ano para exposições especiais, em geral com assuntos atraentes, que repercutem os temas de pesquisa da universidade. Há arte publicitária, mostrando que os desenhistas competentes têm recorrido à psicologia para criar imagens bastante persuasivas para empresas e governos.

Tendências

O Wolfsonian-FIU é tanto museu quanto instituto de pesquisa de design e integrante da Universidade Internacional da Flórida. Três dos andares são usados por escritórios e como depósito e em geral não são abertos ao público. A visita deve começar pelo lado de fora, prosseguir pelo Saguão de Entrada e subir ao 2º, 4º, 5º e 7º andares pelo elevador de trás.

TOP 10 Gold Coast Highway A1A

A melhor maneira de notar a qualidade de vida ao longo da Costa do Ouro é passear tranquilamente de carro para o norte pela A1A. A estrada segue a praia por quase todo o caminho e passa por lugares dos mais lindos e comunidades das mais ricas dos EUA. Pode-se percorrer esses 80km em um dia, mas vale a pena passar mais tempo para assimilar a cor local, de reservas naturais tropicais a mansões incríveis, tudo com vista para as areias amareladas e o azul do Atlântico.

John U. Lloyd Park

O Broadwalk, à beira-mar

Para aproveitar Fort Lauderdale ao máximo, pegue o Jungle Queen Cruise (954-462-5596), de 3 horas.

Almoce em Fort Lauderdale no Noodles Panini, 821 East Las Olas Blvd (954-462-1514). Na hora do jantar, vá ao Solita, 1032 East Las Olas Blvd (954-357-2616), ou ao Bistro Mezzaluna, 741 SE 17th St Causeway (954-522-6620).

- *Mapa D3, IGFA Fishing Hall of Fame and Museum, 300 Gulf Stream Way, Dania (954-927-2628)*
- *Mapa D2, Flagler Museum, 1 Whitehall Way, Palm Beach (561-655-2833)*
- *Norton Museum of Art, 1451 S. Olive Ave, West Palm Beach (561-832-5196)*

Destaques

1. Broadwalk
2. John U. Lloyd Beach State Park
3. IGFA Fishing Hall of Fame and Museum
4. Las Olas Boulevard, Fort Lauderdale
5. Bonnet House
6. Gumbo Limbo Nature Center
7. Worth Avenue, Palm Beach
8. Flagler Museum
9. The Breakers
10. Norton Museum of Art

Flagler Museum

1 Broadwalk

Esse trecho famoso da Hollywood Beach *(acima)* vai da South Sunset Road à Sheridan Street. São nada menos que 4km de lojas, bares e restaurantes, com o melhor da culinária de fusão franco-caribenha de Sugar Reef.

2 John U. Lloyd Beach State Park

Dessa longa ilha de barreira com jardins e floresta vê-se o panorama da movimentada Port Everglades e de uma praia de significação histórica, destinada aos negros durante a era de segregação. Hoje é destino gay *(p. 52)*.

3 IGFA Fishing Hall of Fame and Museum

Esse lugar atrai todas as idades e tem sete galerias diferentes, com destaque para criaturas marinhas, uma sala de descobertas para crianças, uma sala de pesca virtual (onde se pega uma vara e se sente o puxão do peixe) e uma vasta área de charco.

Conheça os diversos locais para gays em Fort Lauderdale nas **pp. 52-3 e 153**

4 Las Olas Boulevard, Fort Lauderdale

A rua principal de Fort Lauderdale *(acima)* tem lojas finas e restaurantes excelentes. No fim do rio está o shopping temático Las Olas Riverfront, de onde parte o Riverfront Canal Cruise *(veja o quadro à esq.)*.

5 Bonnet House

Essa casa antiga, construída em 1920, reflete a personalidade do casal que a criou, Frederic e Evelyn Bartlett. Eles eram artistas, o que fica evidente nos murais inovadores e nos jardins tropicais um tanto excêntricos.

6 Gumbo Limbo Nature Center

Centro de informação com uma passarela que serpenteia mangues e ilhotas do Red Reef Park. Seu nome vem da árvore *gumbo limbo* (pau-de-porco), de casca avermelhada que se desprende.

7 Worth Avenue, Palm Beach

Essa avenida *(acima)* serve para moradores e VIPs acharem as roupas do momento e talvez algum objeto artístico.

9 The Breakers

Terceiro hotel construído nesse lugar – os dois primeiros foram destruídos por incêndio. Mas a aura da Era Dourada dos EUA (1880-1910) persiste nos detalhes dessa morada luxuosa *(abaixo)*, dos tetos italianizados com afrescos aos inúmeros lustres de cristal.

8 Flagler Museum

Esse marco histórico nacional foi o presente de casamento de Henry M. Flagler *(p. 45)* à sua terceira esposa, Mary Lily Kenan, que tinha metade da idade dele e já era herdeira. Há adornos reais por todo canto – o mais antigo, uma cômoda Luís XV do século XVIII.

10 Norton Museum of Art

Talvez o melhor museu de arte da Flórida, com impressionistas, modernistas dos EUA e muito mais *(p. 42)*.

Tudo que Reluz

Ao longo da rodovia A1A, tudo que reluz parece ouro mesmo! O nome da Costa do Ouro pode ter vindo dos dobrões que os galeões espanhóis transportavam pela costa e pelas vias marítimas intracosteiras, mas hoje o termo se refere ao luxuoso estilo de vida dos vários milionários e bilionários que têm casa de inverno na região.

Se quiser ir mais ao norte pela A1A, veja **p. 128**

TOP 10 Key West

Registrada primeiro por exploradores espanhóis em 1513, essa ilhota (key), de apenas 3,2km por 6,4km, passou de refúgio de piratas a cidade com maior renda per capita dos EUA. Chamariz constante de livres-pensadores, excêntricos e desajustados, Key West tem ainda uma excentricidade ímpar, apesar do turismo de luxo que se desenvolveu a partir dos anos 1990. Entre os moradores autointitulados conch *("conk") há gays, escritores, artistas e adeptos da Nova Era.*

Lighthouse Museum

Pôr do sol, Mallory Square

Pode-se percorrer todas as Keys, atravessando várias pontes, até Key West.

O Conch Tour Train, que parte da Front St, perto da Mallory Square, proporciona uma visão geral da Cidade Velha.

Blue Heaven (729 Thomas St) é a quintessência da velha Key West: um cardápio caribenho e um jardim com as famosas galinhas de Key West e gatos perambulando por lá. (Veja o melhor da culinária conk na p. 125.)

Mapa A6 • Chamber of Commerce, 510 Greene St, 1º andar; 1-800-527-8539 • www.keywestchamber.org • Museus 9h-17h (aprox.) diariam; entrada paga • Cemitério amanhecer-18h diariam; grátis • Fort Zachary, Taylor 8h-pôr do sol diariam; entrada paga

Destaques

1. Duval Street
2. Mallory Square
3. Bahama Village
4. Mel Fisher's Maritime Museum
5. Hemingway House
6. Audubon House and Tropical Gardens
7. Key West Cemetery
8. Key West Museum of Art and History
9. Lighthouse Museum
10. Fort Zachary Taylor Historic State Park

1 Duval Street

Indo do golfo do México, na extremidade norte, até o oceano Atlântico, ao sul, a rua principal da Cidade Velha é o local do "Duval Crawl" – a dura tarefa de percorrer a rua a pé parando em cada um dos cerca de cem bares e boates que se sucedem na Duval e nas ruas vizinhas.

Duval Street

2 Mallory Square

Em todo pôr do sol, os moradores da autointitulada "Conch Republic" adeptos da diversão fazem uma festa nessa praça ampla à beira-mar, que conta com artistas de todo tipo.

3 Bahama Village

Um arco na Petronia Street com a Duval anuncia que você está nesse bairro predominantemente de negros, que oferece um pedacinho da cultura ilhéu *(esq.)*. Uma quadra adiante está o Bahama Market, com artesanato; mais além, o Blue Heaven *(quadro)*.

Veja mais sobre o estilo arquitetônico de Key West na **p. 47**

4 Mel Fisher's Maritime Museum

Dedicado à atração e ao conhecimento de tesouros naufragados e ao equipamento usado para resgatá-los *(esq.)*. Os objetos de ouro de galeões espanhóis do século XVII são os mais impressionantes.

5 Hemingway House

"Papa" Ernest Hemingway morou entre 1931 e 1940 nessa casa de estilo colonial, feita de coral, onde escreveu muitas obras. Entre os sobreviventes dessa época estão os supostos descendentes dos gatos de seis dedos do escritor.

6 Audubon House and Tropical Gardens

Um vislumbre da vida na ilha em meados do século XIX. A visita com áudio é excelente: "fantasmas" da família que viveu na casa vão mostrando as salas sugestivas.

7 Key West Cemetery

Os túmulos são elevados contra enchentes e porque o solo é de rocha dura de coral. Entre os epitáfios cômicos famosos está "Eu disse que estava doente", no túmulo de um notório hipocondríaco.

9 Lighthouse Museum

Erigido em 1845, o farol de Key West era capaz de projetar sua luz a 40km mar afora. Suba seus 88 degraus para apreciar vistas panorâmicas do mar e da cidade.

8 Key West Museum of Art and History

Instalado na imponente Alfândega antiga, contém algumas pinturas de excêntricos e notáveis da ilha, juntamente com relatos da vida no local em épocas diversas.

10 Fort Zachary Taylor Historic State Park

O forte, de 1866, é hoje museu militar *(esq.)* com bom acervo da Guerra de Secessão. A melhor praia da ilha fica perto.

Top 10 Cidadãos

1. **Henry Flagler** Magnata da Standard Oil
2. **José Martí** Libertador cubano
3. **John James Audubon** Naturalista
4. **Ernest Hemingway** Escritor
5. **Harry S. Truman** Presidente dos EUA
6. **Tennessee Williams** Dramaturgo
7. **Robert Frost** Poeta
8. **John Dewey** Educador e filósofo
9. **Jimmy Buffett** Cantor e compositor
10. **Tallulah Bankhead** Atriz

Conheça um passeio de um dia, lojas, restaurantes e eventos em Key West nas **pp. 117-25**

TOP 10 Everglades

Um dos mais fascinantes ecossistemas do planeta, os Everglades são um sistema hidrográfico raso de pântanos e charcos. Suas águas levam mais de um ano para ir do rio Kissimmee, a noroeste de Miami, à baía da Flórida. Ao menos 45 de suas variedades vegetais não existem em outro lugar da Terra. A região abriga mais de 350 espécies de aves, 500 tipos de peixe e dezenas de espécies de répteis e mamíferos.

Aligátor, Billie Swamp Wildlife Park

Pinheiral no coração dos Everglades

Tente visitar os Everglades de manhã cedo, quando muitos animais estão ativos. Proteja-se contra insetos, o sol e o calor e permaneça nas passarelas.

O Swamp Water Café, na Big Cypress Reservation (863-983-6101), tem bolinho de aligátor, filé de bagre e pernas de rã, além dos hambúrgueres de sempre, tudo por preços razoáveis.

Mapas B-C 3-5 • Everglades National Park 305-242-7700 • Gulf Coast Visitor Center, Everglades City (239) 695-3311 • Big Cypress Swamp: Oasis Visitor Center (239) 695-1201 • Shark Valley Information Center 305-221-8776 • Flamingo Visitor Center (239) 695-2945 • Fakahatchee Strand (239) 695-4593 • Corkscrew Swamp, 375 Sanctuary Rd (239) 348-9151

Destaques

1. Trilha Tamiami (US 41)
2. Everglades National Park
3. Big Cypress Swamp
4. Shark Valley
5. Ah-Tah-Thi-Ki e Billie Swamp
6. Trilhas Anhinga e Gumbo Limbo
7. Mahogany Hammock
8. Flamingo
9. Fakahatchee Strand
10. Corkscrew Swamp

1 Trilha Tamiami (US 41)

Essa foi a primeira estrada a abrir a região, ao ligar as costas do Atlântico e do golfo. Atravessa assentamentos de pioneiros, como Everglades City e Chokoloskee, que mal mudaram desde o século XIX e marcam a entrada oeste do Everglades National Park.

2 Everglades National Park

O parque ocupa quase um quinto dos Everglades. Há passarelas altas, passeios, aluguel de canoa, camping, hotel e *chikee* (cabanas no estilo seminole).

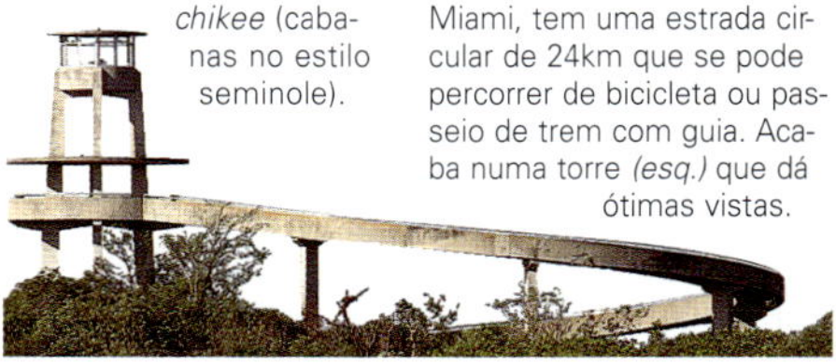

3 Big Cypress Swamp

Essa bacia rasa e vasta não é um pântano, mas uma série de habitats úmidos e secos determinados por leves diferenças de elevação. Abriga centenas de espécies, como a pantera-da-flórida.

4 Shark Valley

Essa área, a apenas 27km do limite oeste de Miami, tem uma estrada circular de 24km que se pode percorrer de bicicleta ou passeio de trem com guia. Acaba numa torre *(esq.)* que dá ótimas vistas.

5 Ah-Tah-Thi-Ki e Billie Swamp

O museu dedica-se à cultura nativa seminole *(esq.)* – *ah-tah-thi-ki* significa "lugar de aprendizado ou recordação". Nas proximidades, um parque com animais oferece passeios de aerobarco estimulantes e Buggy Eco-Tours, nos quais se pode avistar aligátores.

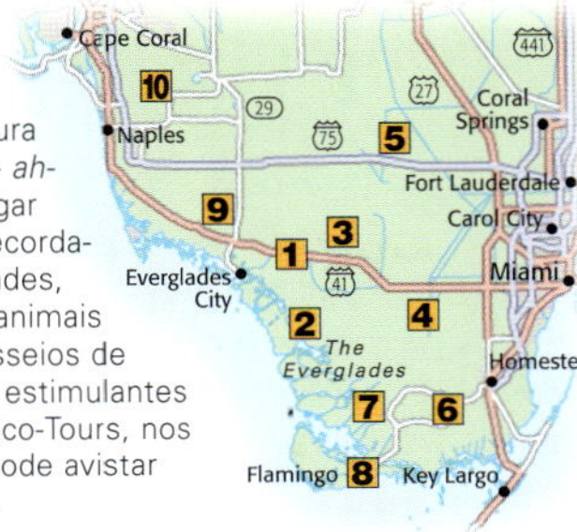

6 Trilhas Anhinga e Gumbo Limbo

Essas duas trilhas muito procuradas começam no centro de visitantes de Royal Palm, local do primeiro parque estadual da Flórida.

7 Mahogany Hammock

Mais adiante na direção de Flamingo, chega-se a um dos maiores *hammocks* (montes férteis) do parque, onde uma trilha serpenteia por densa mata tropical. O local abriga os maiores mognos do país e os coloridos caramujos-do-mato.

A Preservação dos Everglades

Os Everglades evoluíram por um período de mais de 6 milhões de anos, mas a espécie humana quase destruiu seu frágil equilíbrio em menos de cem anos. Na década de 1920, o dique Hoover represou o lago Okeechobee, principal fonte de água dos Everglades, e se construiu a Highway 41, bloqueando mais o fluxo natural. A ambientalista Marjory Stoneman Douglas reverteu a marcha da destruição. Hoje continua devagar a construção de diques ao redor dos Everglades para manter a mistura vital.

9 Fakahatchee Strand

Uma das áreas mais selvagens da Flórida, um *slough* (lodaçal) de 32km, notável por conter o maior bosque de palmeiras-reais dos EUA, plantas aéreas únicas e orquídeas raras. Há passarelas *(d.r.)* e guarda-parques.

8 Flamingo

Hoje o Flamingo é o lar apenas de uns poucos guarda-parques, mas já foi posto avançado de caçadores, pescadores e contrabandistas, acessível apenas pela água. É muito bom pescar, passear de bote, ver pássaros e caminhar.

10 Corkscrew Swamp

Uma passarela percorre vários habitats, inclusive um bosque de velhos ciprestes cheios de ninhos de aves. Ameaçada de extinção, a cegonha-cabeça-seca é avistada no local.

Veja rotas através dos Everglades e onde comer nas **pp. 127 e 130**

South Pointe Beach; Matheson Hammock Beach; Key West

TOP 10 Praias

1 Lummus Park Beach

Essa extensão de areia larga, longa e bem conservada é para muitos o paradigma de South Beach. Na temporada, corpos bronzeados alinham-se em fileiras sucessivas; algumas pessoas põem aparelhos de som a todo o volume; outras limitam-se a tomar sol. Os mais ativos jogam vôlei, fazem ginástica e, claro, vão ao mar. Da rua 5th à 11th, as mulheres podem fazer topless. *Mapa S3*

2 Haulover Park Beach

Haulover foi poupada de arranha-céus. Com dunas, a praia se encontra do lado leste do parque, e no seu lado norte ela se tornou a única praia de nudismo dos EUA. *Mapa H1* • *N de Bal Harbour*

3 South Pointe Park Beach

Não muito conhecida pelas praias, a parte norte do parque atrai surfistas, e lá se veem os navios que entram e saem do porto de Miami. É também ótima para caminhadas, e há trilhas de corrida, uma torre panorâmica, churrasqueiras, locais de piquenique e playgrounds. *Mapa S6*

4 Sunny Isles Beach

Mais afamado pela cafonice dos hotéis turísticos dos anos 1950 do que pela praia pedregosa, esse trecho atrai turistas mais velhos, além de surfistas e marinheiros. Lojas de recordações e hotéis esbanjam fantasias arquitetônicas exageradas ao longo da Collins (A1A), entre as ruas 157th e 193rd. *Mapa H1*

5 Hobie Island Beach e Virginia Key Beach

Se Hobie é mais para surfistas, Virginia Key – vizinha de Key Biscayne e também repleta de casuarinas – tem poucos turistas e nenhum morador. Durante a antiga segregação racial no sul do país, era a única praia de Miami permitida aos negros. Depois de atravessar a vege-

Haulover Park Beach

Veja mais detalhes sobre South Beach, trecho de praia mais famoso de Miami, nas **pp. 8-9**

Praia típica de Miami

tação, a praia de 3km é boa e relativamente vazia. Ambas são indicadas para crianças por causa do mar morno, mas Virginia Key é mais profunda e pode ter correnteza. ✎ *Mapa H3*

6 Crandon Beach

Uma das várias praias do sul da Flórida que se colocam entre as dez melhores dos EUA, Crandon fica na parte de cima de Biscayne *(p. 72)*. ✎ *Mapa H3-4*

7 Bill Baggs Cape Florida State Park

Também classificada entre as dez melhores praias dos EUA, essa, do parque estadual, situa-se na imaculada ponta sul de Key Biscayne *(pp. 72-3)*. ✎ *Mapa H4*

8 Matheson Hammock Park Beach

Trata-se de um lindo parque de 40ha criado nos anos 1930 pelo comodoro J. W. Matheson. Tem um lago artificial – Atoll Pool – e uma piscina de água salgada para nadar, rodeada de areia e palmeiras, e é banhado naturalmente pela Biscayne Bay. Tranquila, cercada de floresta tropical de árvores de porte, a praia atrai famílias e desfruta de águas mornas e seguras. Entre outras atrações estão trilhas de caminhada através do mangue. ✎ *Mapa G4 • N do Fairchild Tropical Garden*

9 Bahia Honda State Park

Eleita com frequência a melhor praia dos EUA, Bahia Honda destaca-se por excelente areia, ótimos esportes aquáticos e floresta tropical *(p. 117)*. ✎ *Mapa B6*

10 Praias de Key West

As praias um pouco modestas de Key West estendem-se no lado sul da ilha, indo do Fort Zachary Taylor State Park, a oeste, à Smathers Beach, a leste. Esta praia é a maior e mais popular, mas os moradores preferem a do parque estadual, por ser menos lotada. Se você procura mais comodidade, a praia no fim da Duval Street, no ponto mais meridional dos EUA, é boa, acolhedora e cheia de opções para comer e beber. ✎ *Mapa A6*

Nadando com tartarugas; Praia de Fort Lauderdale; Equipamento de mergulho

TOP 10 Locais para Mergulho

1 John Pennekamp Coral Reef State Park

Muitos dizem que esse parque é um dos melhores lugares do mundo para snorkel. Alugam-se barcos diversos, inclusive com fundo de vidro *(p. 115)*.

2 Biscayne National Underwater Park

Mais perto de Miami que o John Pennekamp, o Biscayne National Underwater Park tem quase as mesmas boas opções de mergulho com snorkel. Há recifes de coral coloridos e ainda mangues, para conhecer de canoa *(p. 108)*.

3 Looe Key National Marine Sanctuary

Ótimo local com corais e o mais próximo de Key West para a prática de snorkel. Acessível pelo Bahia Honda State Park *(p. 116)*.

Paru

4 Dry Tortugas National Park

Situadas quase 110km a oeste de Key West, essas sete ilhas e as águas ao redor formam um parque fantástico. O panorama com snorkel é excepcional, por causa das águas rasas e da abundância de vida marinha. Você pode praticar snorkel direto das praias de Fort Jefferson ou pegar uma das viagens ao naufrágio do *Windjammer*, que foi a pique no Loggerhead Reef em 1907. Peixes tropicais, lagostas e até meros-tigres podem ser avistados *(p. 129)*.

Placa de Looe Key

5 Key Biscayne Parks

Os parques Crandon e Bill Baggs têm áreas excelentes para snorkel, em águas das mais límpidas e limpas de Miami *(pp. 72-3)*.

6 Fort Lauderdale Waters

Fort Lauderdale ganhou o certificado de Blue Wave Beaches pela areia imaculada e pelo mar límpido, o que ajuda na visualização submarina. A maioria das partes mais interessantes do sistema natural de recifes de três níveis é próxima da costa, embora a maioria exija uma viagem curta de barco. Além disso, mais de 80 recifes artificiais foram construídos para aumentar o crescimento da flora e da fauna marinhas. A Sea Experience é uma das empresas que organizam viagens para mer-

Veja detalhes sobre segurança no mar na **p. 139**

Mergulho ao largo das Florida Keys

gulho com snorkel e com cilindro. ✎ *Mapa D3 • Sea Experience 954-627-4631 • www.seaxp.com*

7 Red Reef Park

Boca Raton é uma cidade famosa pelos parques enormes e preservados com primor, e o Red Reef Park oferece algumas das melhores praias e mergulhos com snorkel na região. Um recife artificial, bem assinalado no mapa turístico do parque, proporciona horas de passeios deliciosos sob o mar e é indicado para jovens. O Gumbo Limbo Nature Center fica do outro lado da rua. ✎ *Mapa D3 • 1801 North Ocean Blvd, Boca Raton • 9h-16h seg-sáb, 12h-16h dom • 561-338-1473 • www.gumbolimbo.org*

8 Palm Beach

Tanto o hotel Breakers quanto o Four Seasons *(p. 146)* oferecem mergulhos com snorkel na costa de Palm Beach. ✎ *Mapa D2*

9 Bahia Honda State Park Waters

A linda praia de areia de Bahia Honda, nas Keys – aclamada como uma das melhores dos EUA –, tem mar bom para nadar e fazer snorkel. Há aluguel de equipamento *(p. 117)*.

10 Key West Waters

Faça o mergulho direto da praia do Fort Zachary Taylor State Park ou participe de uma expedição até os recifes que se distribuem ao redor dessa ilha *(pp. 26-7)*. As empresas locais oferecem grande quantidade de viagens, a maioria de três a quatro horas no total, com uma hora e meia no recife. Os barcos em geral saem duas vezes por dia, perto das 9h e por volta das 13h. ✎ *Mapa A6*

Praia em Key West

Patinação; Ciclismo; Tênis

Top 10 Atividades Esportivas

Vôlei de praia

1 Vôlei

Em qualquer praia do sul da Flórida, você vai ver redes de vôlei instaladas e talvez times prontos para jogar. Esse é o típico esporte praiano – e cair na areia faz parte da diversão.

2 Patinação

Deslizar sobre rodas talvez seja a atividade predileta dos bronzeadíssimos do sul da Flórida. Na ostentosa South Beach, você pode alugar patins ou se paramentar a fim de usar os seus.

3 Surfe e Windsurfe

Miami tem bons ventos dominantes e mar calmo e agitado – ou seja, amplas oportunidades para surfar. As Keys tendem a ser boas só para fazer windsurfe, pois os recifes que as rodeiam retêm as ondas grandes.

Surfe

4 Jet-Ski e Para-Sail

Não é difícil como parece e, claro, é diversão certa. Em Miami, as vias aquáticas intracosteiras são adequadas, mas as Keys é que têm as melhores condições para esses esportes de aventura, sobretudo Key West.

Parawest 305-292-5199 • Sebago Watersports 305-292-2411 • Fury Water Adventures 305-296-1754 • Mapa A6

5 Barcos e Caiaques

Saia sozinho num caiaque para explorar as águas coloridas ao redor das Keys ou os sinuosos córregos de mangue junto à baía da Flórida. Você também pode aproveitar um passeio para ver a rica vida marinha. Não se esqueça de levar a câmera.

Blue Planet Kayak • 305-294-8087 • www.blue-planet-kayak.com

6 Nado com Golfinhos

Essa experiência inesquecível está disponível no Seaquarium de Miami e nas Keys *(pp. 115-6)*. Para não se decepcionar, reserve com um mês de antecedência. Ou tente a Dolphin Watch. *Fury Water Adventures 305-296-5556 • Dolphin World 800-667-5524 • Mapa A6*

Veja a relação das melhores atividades esportivas em Miami Beach e Key Biscayne na **p. 74**

Iatismo

7 Ciclismo

Excelente maneira de explorar South Beach, Key Biscayne ou Key West. Há várias locadoras de bicicletas e também um bom número de trilhas nos Everglades.

8 Pesca

Existem diversas empresas que promovem pesca em alto-mar, enquanto a pesca em água doce é boa no Amelia Earhart Park ou no lago Okeechobee. ✆ *Reward Fishing Fleet, na Miami Beach Marina, 305-372-9470 (www.thereward fleet.com) • Em Key West, 305-304-2483 ou 305-304-8888 • Em Fort Lauderdale, 954-527-3460*

Pesca na Miami Beach Marina

9 Golfe

Por todo o sul da Flórida, são infindáveis as oportunidades de jogar golfe. Muitos resorts têm campos próprios, mas um dos melhores na Grande Miami é o do Crandon Golf, o único campo público de Key Biscayne. ✆ *6700 Crandon Blvd, 305-361-9129*

10 Tênis

Os habitantes do sul da Flórida adoram esse esporte. Existem quadras públicas por todo canto. Key Biscayne é a melhor escolha, sem dúvida, pois lá se realiza em março o Sony Ericsson Open *(veja o quadro ao lado).*

Esportes Coletivos

1 Futebol Americano

O time de Miami na National Football League é o Miami Dolphins. ✆ *Sun Life Stadium, 2269 NW 199th St*

2 Jai Alai

Esse jogo costuma ser chamado de mais rápido do mundo. ✆ *Miami Fronton, 3500 NW 37th Ave*

3 Corrida de Cavalos

Dois dos melhores locais são o Gulfstream Park e o Calder Racecourse. ✆ *Gulfstream Park, 901 S Federal Hwy, Hallandale • Aberto jan-abr* ✆ *Calder Racecourse 21001 NW27th Ave • Mai-dez*

4 Corrida de Cachorros

Além de corrida de galgos em parte do ano, a Flagler faz transmissões ao vivo de corridas de cachorros e cavalos. ✆ *Flagler Dog Track, 401 NW 37th Ave com NW 7th St*

5 Stock-Cars

A Homestead Miami Speedway promove várias corridas todo ano. ✆ *1 Speedway Blvd*

6 Tênis

O Sony Ericsson Open é um dos maiores torneios do mundo fora do Grand Slam. ✆ *Crandon Park, Key Biscayne*

7 Polo

Está bem representado no chique Palm Beach County. ✆ *3667 120th Ave S, Wellington*

8 Basquete

O Miami Heat tem sede na American Airlines Arena. ✆ *601 Biscayne Blvd*

9 Hóquei no Gelo

O time local, Florida Panthers, fica junto aos Everglades. ✆ *1 Panther Parkway, Sunrise*

10 Beisebol

O bicampeão mundial Miami Marlins joga no Marlins Park. ✆ *501 Marlins Way*

Veja a relação das melhores atividades esportivas nas Keys na **p. 120**

Lion Country Safari; Morikami Museum

TOP 10 Parques, Jardins e Zoológicos

1 Fairchild Tropical Botanic Garden

Um dos jardins tropicais mais arrebatadores do sul da Flórida *(p. 107)*.

2 Jungle Island

Lugar absolutamente agradável na Biscayne Bay, com sítio com animais domésticos que podem ser acariciados *(p. 71)*.

Zoo Miami

3 Zoo Miami

Um jardim zoológico extremamente bem concebido e conservado, dividido em habitats que imitam a Australásia, a Ásia e a África. Leva ao menos três horas para percorrê-lo todo (e vale a pena), ou então faça um passeio de 45 minutos em ônibus aberto ou pegue o monotrilho Zoofari, que custa pouco. Entre os animais há onças, jiboias e lontras gigantes *(p. 107)*.

4 Monkey Jungle

Uma oportunidade de atravessar a floresta dos macacos – e é você que fica na jaula! *(p. 107)*

5 Lion Country Safari

Além de recriações fiéis de habitats de Quênia, Zimbábue, Moçambique, Kalahari e Serengueti, o extenso parque também oferece alimentação de girafas e animais com os quais interagir. Vá de carro ou de ônibus com guia por mais de 200ha de animais e natureza. *2003 Lion Country Safari Road, Loxahatchee • Mapa C2-D3 • 561-793-1084 • www.lioncountrysafari.com • Entrada paga*

6 Fruit & Spice Park

Único jardim botânico tropical desse tipo nos EUA. Os vegetais são agrupados por país de

Fairchild Tropical Botanic Garden

Muitos dos resorts de luxo de Miami têm jardins tropicais exuberantes – veja as **pp. 146 e 148**

origem, e o clima tropical sustenta mais de cem variedades de plantas cítricas, 65 de banana e 40 de uva. O parque também tem o maior bambuzal do país. Na loja você acha produtos importados, como frutas secas e enlatadas, sucos, chás e sementes incomuns *(p. 109)*.

7 Red Reef Park

Esse parque incrível em Boca Raton contém o Gumbo Limbo Center, que oferece passeios pelas áreas altas costeiras. Há ainda um recife artificial *(p. 33)*.

8 Morikami Museum e Japanese Gardens

Derivada de uma colônia japonesa fundada nesse local em 1905, a mansão Yamato-kan é cercada de jardins japoneses planejados de várias épocas: um Heian (séculos IX-XII) de estilo *shinden*, um jardim paradisíaco que imita os dos séculos XIII e XIV, jardins de pedras, jardim plano e um romântico moderno. Serenidade e comedimento em meio à extroversão tropical do sul da Flórida. *4000 Morikami Park Road, Delray Beach • Mapa D3 • 561-495-0233 • www.morikami.org • Entrada paga*

9 Flamingo Gardens

Esses lindos jardins começaram em 1927 como retiro de fim de semana da família Wray, produtora de cítricos. O jardim botânico exuberante, a vida animal e o santuário de aves merecem pelo menos meio dia. Há um aviário de "voo livre", com uma porção de aves da Flórida, entre elas o engraçado colheireiro e, claro, o flamingo. A rara águia-careca também montou casa no local. *3750 South Flamingo Rd, Davie/Fort Lauderdale • Mapa D3 • 954-473-2955 • www.flamingogardens.org • Entrada paga*

Flamingo Gardens

10 Nancy Forrester's Secret Garden

Perca-se, ou ache-se, nesse exuberante meio hectare de terra a uma quadra da Duval Street. Lindíssimo, o jardim transmite uma sensação palpável de paz e plenitude. As cativantes variedades da flora – orquídeas, bromélias e palmeiras raras – e os amados papagaios deixam os visitantes à vontade. *1 Free-School Lane, travessa da Simonton, entre Fleming e Southard • Mapa A6 • 305-294-0015 • Entrada paga*

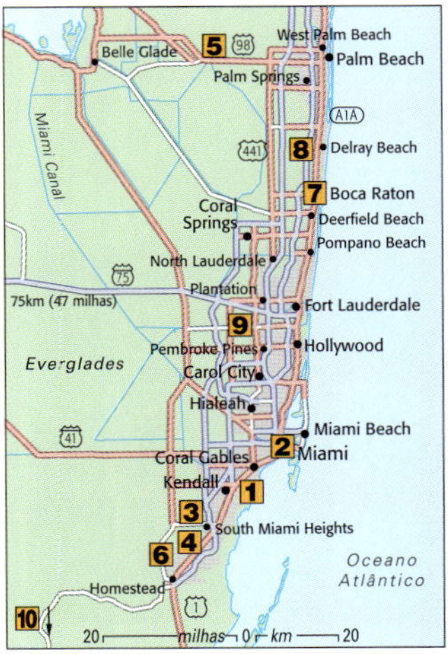

Apresentação no Colony; Lincoln Theater; Florida Grand Opera

TOP 10 Espetáculos ao Vivo

1 Colony Theater

Esse local de última geração apresenta alguns dos melhores concertos clássicos, espetáculos de dança e de teatro e filmes alternativos da cidade. *1040 Lincoln Rd, com Lenox Ave, South Beach • Mapa Q2 • 305-674-1040*

Bailarina, Miami City Ballet

2 Adrienne Arsht Center for the Performing Arts

Esse complexo espetacular conta com salas moderníssimas, a Ziff Ballet Opera House, o Knight Concert Hall e a Art Deco Tower, restaurada. *1300 Biscayne Blvd • Mapa G3 • 305-949-6722 • www.arshtcenter.org*

3 Fillmore Miami Beach at the Jackie Gleason Theater of the Performing Arts

O Jackie Gleason Theater passou por uma reforma multimilionária em 2007 e hoje apresenta uma grande variedade de espetáculos em seu teatro de 2.600 lugares. *1700 Washington Ave, South Beach • Mapa R2 • 305-673-7300*

4 Miracle Theater

O cinema de estilo déco dos anos 1940 foi convertido em teatro em 1995 e ganhou elogios por musicais como *West Side Story*. *280 Miracle Mile, Coral Gables • Mapa G3 • 305-444-9293 • www.actorsplayhouse.org*

5 Miami Symphony Orchestra

A principal orquestra da cidade apresenta dezesseis concertos por temporada no UM/Gusman Hall, em Coral Gables, e no Lincoln Theater, em Miami Beach, além de fazer espetáculos grátis em vários locais. *10300 SW 72th St • Mapa R2 • 305-275-5666 • www.miamisymphony.org*

6 Miami City Ballet

Essa companhia de classe internacional é uma das maiores dos EUA. Tem no repertório cerca de 97 balés, entre eles nove estreias mundiais. *2200 Liberty Ave, Miami Beach • Mapa S2 • 305-929-7010 • www.miamicityballet.org*

O Fillmore Miami Beach, no Jackie Gleason Theater of the Performing Arts

Miami City Ballet

7 Florida Grand Opera

Essa casa de ópera às vezes convida celebridades a Miami, mas sua programação também conta com obras novas, como a convincente *Balseros*, baseada nas privações dos refugiados cubanos que tentaram chegar à Flórida em balsas. *1200 Coral Way • Mapa L4 • 1-800-741-1010 • www.fgo.org*

8 Gusman Center for the Performing Arts

O Gusman Center, no centro de Miami, é um local importante, com programa variado de peças, música, dança e cinema *(p. 84)*.

9 Lincoln Theater

O Lincoln é a sede da New World Symphony, que se compõe de músicos formados em faculdade. Os jovens virtuoses interpretam uma mistura incrível de música evangélica, tangos de Piazolla, sinfonias e obras de câmara. *555 Lincoln Rd, South Beach • Mapa R2 • 305-673-3330 • www.nws.org*

10 Miami-Dade County Auditorium

Construído em 1951, esse prédio de estilo déco orgulha-se por ter sido um dos primeiros do país que receberam Luciano Pavarotti, quando ele ainda era praticamente desconhecido. Óperas, concertos e eventos de visitantes beneficiam-se com a excelente acústica do auditório. *2901 W Flagler St • Mapa G3 • 305-547-5414*

Top 10 Artistas

1 Jackie Gleason

"O Maioral", que praticamente inventou a TV dos EUA, levou definitivamente seu *Jackie Gleason Show* para Miami em 1964.

2 Don Johnson

Vice-rei de *Miami Vice*, o Rei dos Anos 1980 ajudou a pôr no mapa a "nova" South Beach *(p. 72)*.

3 Cher

Você pode ver onde a diva sempre jovem e Sonny moravam na água em Fort Lauderdale e South Beach.

4 Madonna

Ela teve um rancho palaciano perto de Vizcaya por um tempo e ainda tem parte do restaurante do Delano Hotel.

5 Dave Barry

O humorista de jornal e escritor ajudou a criar a imagem de Miami de paraíso urbano além das medidas.

6 Gloria Estefan

Símbolo do imbatível Poder Cubano para muitos, essa cantora popular talentosa conseguiu formar um império cultural e imobiliário incrível.

7 Rosie O'Donnell

A apresentadora de TV chama Miami de lar e está envolvida na política da cidade *(p. 49)*.

8 Jennifer Lopez

Essa atriz e cantora latina tem mansão e terreno em Miami Beach desde 2002.

9 Ricky Martin

Outra superestrela latina que possui imóveis na cidade.

10 Tito Puente Jr.

O talentoso músico filho do famoso diretor de orquestra mora no sul da Flórida, onde promove e defende as causas dos gays.

Veja os melhores locais de espetáculos latinos na **p. 87**

Coconut Grove Arts Festival; Dade County Fair; International Mango Festival

TOP 10 Festivais e Eventos

1 Key West Fantasy Fest

Nas duas semanas antes do Halloween, Key West faz uma celebração ininterrupta. No sábado anterior ao dia 31, um desfile com carros alegóricos suntuosos e fantasias excêntricas sai da Mallory Square e segue lentamente pela Duval Street. Muitos festeiros ficam nus, fora uma pintura aqui e uma pena ou duas ali e acolá. *Mapa A6 • 2 últimas semanas out*

Winter Party

2 Carnaval Miami

No bairro cubano, março é época de dançar e cantar nas ruas – jazz latino, música popular, flamenco e tango. Culmina no segundo domingo com o que se diz ser a maior festa do mundo. Vinte e três quadras de Little Havana são fechadas, e os participantes se espalham pelas ruas, onde há bancas de comida e especialidades étnicas. Uma enorme apresentação de fogos de artifício encerra estrondosamente as festividades. *8th St, da 4th Ave à 27th Ave • Mapa K3 • Cerca de 10 dias mar*

Carnaval Miami

3 Winter Party e White Party

Essas festas de praia gay anuais são mais para jovens musculosos que aspiram à carreira de modelo internacional. Um participante enalteceu os eventos como "um oceano de homens lindos nus" – não inteiramente, mas quase. As festas alucinadas varam a noite nos melhores locais de South Beach. *Mapa R4 • Winter Party primeiros 10 dias mar; White Party fim nov*

4 Coconut Grove Arts Festival

O Grove *(pp. 98-105)* ganha vida com um dos maiores festivais de artes do país, com competições, concertos o dia inteiro, comida saborosa e uma multidão de amantes da arte. *Mapa G3 • 3º fim de semana fev*

5 Miami-Dade County Fair and Exposition

Feira municipal tradicional nos EUA, repleta de brinquedos, barracas, algodão-doce, maçãs do amor, apresentações e mostras sobre vida rural e artesanato. *Tamiami Park, Coral Way e SW 112th Ave, West Dade • Mapa E3 • 18 dias a partir da 3ª qui mar*

Veja os eventos promovidos em Key West, como o sopro de conchas e os Hemingway Days, na **p. 121**

Key West Fantasy Fest

6 Miami-Bahamas Goombay Festival
Celebração da herança baamesa de Coconut Grove, com música, dança e muita diversão. *Mapa G3 • Geralmente jun*

7 King Mango Strut
Uma paródia de Coconut Grove da extinta Orange Bowl Parade. *Mapa G3 • Última semana dez*

8 Hispanic Heritage Festival
Esse êxtase latino de um mês conta com festas de rua, festivais de gastronomia, apresentações de cinema, música e dança e até um concurso de beleza hispânico. *Por todo o condado de Miami-Dade • Mapa G3 • Out*

9 South Beach Wine and Food Festival
Festa para o talento de renomados vinicultores e chefs locais e convidados. *www.sobewineandfoodfestival.com • Mapa R2 • Fim fev*

10 International Mango Festival
A festa da manga é celebrada com muito gosto. Aproveite-a por inteiro. *Fairchild Tropical Gardens • Mapa G4 • 2º fim de semana jul*

Top 10 Atrações Étnicas

1 Little Havana
Um pedacinho de Cuba *(pp. 14-5).*

2 Little Managua
Muitas lojas nicaraguenses na região (também chamada Sweetwater) a oeste da Calle Ocho.

3 Little Haiti
Vá espiar uma ou outra *botánica (p. 91).*

4 Billie Swamp Safari Wildlife Center
A linha educativa seminole é "rir e aprender" *(p. 29).*

5 Ah-Tah-Thi-Ki Museum
Mostra sobre vida agreste, cerimônias e economia dos seminoles *(p. 29).*

6 Miccosukee Indian Village
Cestaria, bonecas de fibra de palmito, miçangas, produção de canoas e luta com aligátores. *40km (25 milhas) a O da Florida Turnpike • 9h-17h diariam • Entrada paga*

7 Overtown Historic Village
Esse bairro de negros restaurou alguns dos prédios históricos, como a Dorsey House, na 250 NW 9th St.

8 Lyric Theater
Local resgatado para eventos culturais de negros. *819 NW 2th Ave, Overtown*

9 Liberty City
Palco dos terríveis distúrbios raciais de 1980, esse bairro negro tem muitos murais e grafites interessantes.

10 Historic Homestead Museum e Arredores
A maior parte do centro histórico foi restaurada – pegue um mapa no museu. *41-43 North Krome Ave*

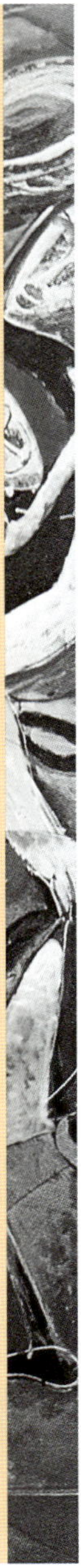

Lowe Art Museum; Wolfsonian-FIU; History Miami

TOP 10 Museus

1 Lowe Art Museum

Certamente o melhor museu de arte de Miami, exibe obras extraordinárias das culturas europeia, americana, chinesa, pré-colombiana e indígena dos Estados Unidos *(pp. 20-1)*.

Fachada do Wolfsonian-FIU

2 Wolfsonian-FIU

Complemento perfeito do Deco District, esse museu e instituto de pesquisa de design tem cerca de 120 mil peças modernas *(pp. 22-3)*.

3 Bass Museum of Art

Bom acervo de arte e design ocidentais e fotos históricas de Miami Beach *(p. 71)*.

4 Norton Museum of Art

Um dos melhores museus do sul da Flórida, cuja coleção europeia tem obras de Rembrandt, Goya, Renoir e Picasso – entre os americanos, O'Keeffe e Pollock. O museu exibe ainda fotos e arte contemporânea. *1451 S Olive Ave, West Palm Beach • Mapa D2 • 561-832-5196 • www.norton.org • 10h-17h ter-sáb, 11h-17h dom • Entrada paga*

5 Miami Art Museum

Além de exibições temporárias impressionantes, o acervo do MAM centra-se na arte dos anos 1940 em diante, com obras de Frankenthaler, Gottlieb, Rauschenberg e Stella. *101 W Flagler St • Mapa M2 • 305-375-3000 • www.miamiartmuseum.org • 10h-17h ter-sex, 12h-17h sáb e dom • Entrada paga*

6 World Erotic Art Museum

Surpreendente coleção de US$10 milhões de arte erótica de todo o mundo. *Mezanino, 1205 Washington Avenue • Mapa R4 • 305-532-9336 • 11h-22h dom-qui, 11h-24h sex-sáb • Entrada paga*

7 History Miami

Iniciando na pré-história de 12 mil anos atrás, o museu tran-

Bass Museum of Art; Norton Museum of Art

Veja mais sobre espaços de arte, lojas e restaurantes latinos nas **pp. 87-9**

Miami Art Museum

sita suavemente pelos milênios e chega à colonização espanhola, à cultura seminole, à extravagância dos anos 1920 e à imigração cubana em anos mais recentes. *101 West Flagler St • Mapa N2 • 305-375-1492 • www.historymiami.org • 10h-17h ter-sex, 12h-17h sáb e dom • Entrada paga*

8 Jewish Museum of Florida

Com vitrais e detalhes no estilo Art Déco, a própria ex--sinagoga fascina tanto quanto as peças que expõe. São amplamente cobertos os 230 anos de presença judaica na Flórida. *301 Washington Ave, South Beach • Mapa R5 • 305-672-5044 • www.jewishmuseum.com • 10h-17h ter-dom • Entrada paga*

9 Ah-Tah-Thi-Ki Museum

Esse museu excelente exibe artefatos seminoles, como cerâmica e um lindo vestuário. Também mostra a Cerimônia do Milho Verde, que tem jogos, música, dança e trajes. Do lado de fora, uma trilha educativa leva pela copa dos ciprestes, e placas explicam o uso de certas plantas na cultura seminole *(p. 29)*.

10 Mel Fisher Maritime Museum

Mergulhe na história romântica de navios naufragados há muito tempo, repletos de objetos de butim *(p. 117)*.

Top 10 Coleções Contemporâneas

1 Rubell Family Collection

Cerca de mil obras de artistas modernos, como Haring, Koons, Basquiat e o cubano José Bedia. *95 NW 29th St*

2 Margulies Collection

Importante coleção de fotografia, com preferência para o gênero do retrato. *591 NW 27th St*

3 Gallery Diet

Espaço memorável e sempre renovado onde brilham artistas emergentes e com carreira feita. *174 NW 23 St*

4 Kevin Bruk Gallery, Miami

Apresenta obras dos artistas nova-iorquinos Max Gimblett e John Yau. *2249 NW 1st Place*

5 Bernice Steinbaum Gallery, Miami

A obra de Edouard Duval Carrie e Wendy Wischer. *3550 N. Miami Ave*

6 Artspace/Virginia Miller Galleries

Boa arte internacional, contando com pinturas e fotografia. *169 Madeira Ave, Coral Gables*

7 Locust Projects

Especializada em obras de artistas locais em computador e vídeo. *105 NW 23rd St*

8 Barbara Gillman Gallery

Exibe a obra de jovens artistas locais. *2320 N. Miami Ave*

9 Cernuda Arte

Arte cubana de todos os períodos. *3155 Ponce de Leon Blvd, Coral Gables*

10 Fredric Snitzer Gallery

Novas colagens, incluindo a obra de Sandy Winters. *2247 NW 1st Place*

Coral Castle; Spanish Monastery; Opa-Locka

TOP 10 Lugares Históricos e Monumentos

1 Vizcaya Museum and Gardens

O opulento monumento de James Deering à civilização ocidental e às suas ricas tradições artísticas tornou-se o polo social e cultural mais apreciado de Miami *(pp. 16-7).*

2 Ancient Spanish Monastery

Construído em 1133-41 em Segóvia, Espanha, esse mosteiro foi comprado por William Randolph Hearst em 1925 e embarcado para Nova York. As partes foram remontadas em Miami em 1952, mas curiosamente algumas peças sobraram *(p. 91).*

3 Barnacle

Erigida em 1891, essa é a casa mais antiga do condado de Dade, na qual se usaram técnicas de construção naval para suportar tempestades e manter o frescor no clima quente da Flórida *(p. 100).*

4 Coral Gables Merrick House

A casa onde a família Merrick morou no final dos anos 1800 e onde cresceu George Merrick, principal construtor de Coral Gables. O contraste entre a modesta vizinhança e o espetáculo dos sonhos grandiosos dele é fascinante *(pp. 18-9).*

5 Coral Castle

Esse monumento a um amor não correspondido diz muito sobre os primórdios da Flórida na história dos EUA como refúgio de desajustados, excêntricos e visionários. Como a terra era barata (o criador do Coral Castle comprou o lote de terreno por US$12 em 1920) e a população, esparsa, era fácil fazer o que se quisesse sem ser incomodado. Mas a construção dessa fantasia colossal continua sendo um enigma *(p. 107).*

6 Brigade 2506 Memorial

A chama eterna e o jardim do monumento de Little Havana lembram os mortos na fracassada invasão da baía dos Porcos, que tentou recuperar Cuba dos revolucionários em 1961 *(p. 14).*

7 Holocaust Memorial

Como Miami tem uma das maiores populações do mundo de sobreviventes do Holocausto, esse monumento comove ainda mais. Esculpida por Kenneth Treister e finalizada em 1990, a peça central é um enorme antebraço de bronze com um número de Auschwitz gravado. Há cerca de cem figuras de tamanho natural em pose de sofrimento penduradas no braço. A praça ao redor exibe uma história pictórica do Holocausto e um muro de granito com os nomes de

Holocaust Memorial

Veja o histórico Miami Art Deco District nas **pp. 10-3**

milhares de vítimas de campos de concentração. ✆ *1933-45 Meridian Ave, South Beach • Mapa R2 • 305-538-1663 • www.holocaustmmb.org*

8 Opa-Locka

Apesar da zona repulsiva onde se encontra, vale a pena visitar a "Bagdá do Condado de Dade" por causa dos cerca de 90 prédios de estilo mourisco reconstruídos por Glenn Curtiss nos prósperos anos 1920 *(p. 91)*.

9 Charles Deering Estate

O meio-irmão de James Deering construiu para si essa casa de inverno na Biscayne Bay. A casa original do século XIX, Richmond Cottage, foi destruída pelo furacão Andrew em 1992, mas depois reconstruída e reaparelhada, tendo até uma mansão extraordinária do Renascimento Mediterrâneo *(p. 107)*.

Stranaham House

10 Stranahan House

Mais antiga casa de Lauderdale, feita em 1901 para ser entreposto dos seminoles. Bonita, com dois andares e à beira do rio, ela contém objetos da época, mas as fotos evocam melhor o passado, como a de Stranahan negociando peles de aligátor e lontra e plumas de marreco com os seminoles. Essas recompensas foram trazidas dos Everglades em canoas escavadas. ✆ *335 SE 6th Ave, perto de Las Olas • Mapa D3 • 954-524-4736 • Entrada paga*

Top 10 Figuras Históricas

1 William Brickell
Um dos primeiros que se aproveitaram das leis de propriedade rural de 1862.

2 Henry M. Flagler
O industrial Flager (1830-1913) integrou a Flórida ao construir ferrovias e prédios de luxo.

3 Governador Napoleon Bonaparte Broward
Eleito em 1905, ele aplicou as primeiras leis ambientais da Flórida e um programa de drenagem dos Everglades.

4 Carl Fisher
Construtor ativo no início do século XX, Fisher foi o primeiro proprietário visionário de Miami Beach.

5 George Merrick
A mente imaginativa por trás do desenvolvimento de Coral Gables *(pp. 18-9)*.

6 Irmãos Deering
James e Charles construíram casas que hoje são grandes atrações *(pp. 16-7 e 107)*.

7 Marjory Stoneman Douglas
Primeira ambientalista da Flórida, salvou sozinha os Everglades. Morreu em 1998, aos 108 anos de idade.

8 Barbara Capitman
A força motriz do movimento para salvar os hotéis art déco *(p. 13)*.

9 Julia Tuttle
A dinâmica pioneira que convenceu Henry Flagler a levar sua ferrovia até Miami, em 1896.

10 Cacique Jim Billie
Polêmico cacique seminole que enriqueceu seu povo nos anos 1980 por ter construído cassinos nas reservas indígenas.

Detalhe déco; Detalhe de mural, Buick Building; Mural, Society of the Four Arts

TOP 10 Joias Arquitetônicas

1 Deco District

Um tesouro nacional de arquitetura edificante. Ao salvá-la, South Miami Beach não só se transformou, mas inspirou um movimento nacional de preservação de construções históricas *(pp. 10-3)*.

Brasão de Ingraham

2 Biltmore Hotel e Coral Gables Congregational Church

Uma diante da outra, com um exuberante jardim no meio, essas construções são o núcleo da contribuição de George Merrick para a "Cidade Linda" *(pp. 99 e 103)*.

3 Freedom Tower

Inspirada no famoso campanário (minarete, no tempo dos mouros) da enorme catedral de Sevilha, na Espanha. Há um museu no saguão *(p. 83)*.

Biltmore Hotel

4 Granada Gate

Uma quimera de George Merrick, com referências à arquitetura mouro-espanhola, nesse caso uma menção à Alhambra, na cidade andaluza de Granada. ✆ *Granada Blvd, na entrada norte de Coral Gables • Mapa G3*

5 Ingraham Building

Essa joia do Neorrenascimento é um marco imperdível no centro de Miami, que lembra todo o luxo da era de prosperidade dos anos 1920 *(p. 85)*.

6 Bank of America Tower, International Place

A fascinante versão de I. M. Pei do tema do zigurate, tão usado no Art Déco, procurando o mundo como uma pilha escalonada de CDs de tamanhos variados. O edifício é mais atraente à noite, todo iluminado com cores vivas *(p. 84)*.

7 Atlantis Condominium

Construído pela Arquitectonica em 1982 e logo depois uma das estrelas de *Miami Vice*, esse "edifício com um buraco" está ameaçado pela febre da construção em toda a Brickell. O "buraco" é um engenhoso cubo de 11m recortado no centro do prédio, no 12º andar. Uma escada espiral vermelha e uma palmeira atraem a atenção para ele de uma maneira muito bem bolada. ✆ *2025 Brickell Ave, Miami • Mapa M5*

Freedom Tower

8 Estefan Enterprises

Também da Arquitectonica, esse edifício divertido leva a frivolidade do Déco à última instância. Um predio em onda verde de forma livre corta um cubo azul, lembrando a um só tempo mar e céu, e objetos flutuantes parecem morar na onda verde. A cobertura é um oásis de árvores. ⊗ *420 Jefferson Ave, Miami Beach • Mapa R5*

9 Plymouth Congregational Church

Essa linda construção no estilo das missões foi feita em 1917, mas sua porta enorme veio de um mosteiro do século XVII nos Pireneus. ⊗ *3400 Devon Road, com Main Highway, Coconut Grove • Mapa G3*

10 Key West Old Town

Key West *(pp. 26-7)* possui o maior conjunto de construções do século XIX nos EUA. Cerca de 4 mil prédios, em sua maioria casas, incorporam o diferente estilo local. Muitos traços arquitetônicos provêm de elementos usados em navios, como as portinholas no telhado, para circulação de ar. Uma inovação ímpar é a casa de "sobrancelha", com as janelas do primeiro andar ocultas sob o beiral do pórtico da frente, dando sombra num calor implacável.

Top 10 Murais e Mosaicos

1 Buick Building

Murais ornamentam as paredes leste e oeste do prédio. Aproveite a incrível arte pública no Design District. ⊗ *3841 NE 2nd Ave*

2 The Netherland

Um fantástico mural de banhistas indolentes. ⊗ *1330 Ocean Drive, South Beach*

3 Bacardi Import Headquarters

Não perca o mosaico de plantas tropicais. Veja também o prédio ao lado. ⊗ *2100 Biscayne Blvd*

4 Miami Beach Post Office

A elegante entrada déco tem um mural triplo de Ponce de Leon e os povos nativos dos EUA. ⊗ *1300 Washington Ave, South Beach*

5 Coral Gables City Hall

Denman Fink fez o mural do campanário. O que está acima da escada é de John St. John. ⊗ *405 Biltmore Way*

6 Little Havana

Série de sete murais extravagantes. ⊗ *Calle Ocho 1507-13*

7 Prédio Comercial

Mural dos anos 1940 que retrata o trabalho, as artes e o Universo. ⊗ *1617 Drexel Ave, South Beach*

8 The Society of the Four Arts

Murais alegóricos de 1939. ⊗ *Four Arts Plaza, Palm Beach*

9 Wyland Whaling Walls

Mundo submarino de baleias e outros cetáceos. ⊗ *201 William St, Key West*

10 Bahama Village

Mural encantador que lembra a beleza e a simplicidade da vida caribenha. ⊗ *Thomas St com Petronia St*

Coral Castle; Placa de *botánica*; Perky's Bat Tower

TOP 10 Lugares Incomuns

1 Coral Castle

Um presente de um imigrante letão saudoso à namorada que o desprezou. Esses monólitos estranhos formam um dos monumentos mais bizarros da região – mesmo assim, emocionante *(p. 44)*.

Alhambra Water Tower

2 Alhambra Water Tower, Coral Gables

Com aspecto de farol gorducho, essa torre pitoresca, erigida em 1924, é obra de Denman Fink, tio de George Merrick. Abandonada por anos, foi toda restaurada em 1993 e, embora não seja mais usada, tem elegantes detalhes mouriscos que a tornam um exemplo intrigante da arquitetura industrial. ✆ *Alhambra Circle, na Ferdinand St com Greenway Court • Mapa F3*

3 Ermita de la Caridad Church, Coconut Grove

Construída em 1966 na beira da Biscayne Bay, essa igreja cônica peculiar atrai exilados cubanos de Miami. O altar volta-se para Cuba, e acima dele há um mural que retrata a história da Igreja Católica nesse país. A igreja é consagrada à Virgem da Caridade, santa padroeira cubana. ✆ *3609 S Miami Ave, Coconut Grove • Mapa M5*

4 Opa-Locka

Outro belo exemplo da inusitada arquitetura fantástica sonhada nos prósperos anos 1920. Fique alerta na zona dilapidada à volta desse distrito *(p. 45)*.

5 Cabanas de Salva-Vidas de South Beach

É improvável que você ache mundo afora cabanas de salva-vidas com a beleza estética dessas maravilhas art déco *(p. 11)*.

6 Santería e Vodou Botánicas

É o lado mais sobriamente exótico do sul da Flórida. As *botánicas* (lojas de plantas) têm todo tipo de poção mágica e objeto de poder usados na prática dos sincretismos religiosos da *santería* e do *vodou* – um pouco de catolicismo romano misturado com um monte de rituais e crenças da África ocidental *(p. 15)*.

Ermita de la Caridad Church

Cabana de salva-vidas, South Beach

7 Stiltsville, Key Biscayne

Dirija até o ponto mais ao sul de Key Biscayne e olhe ao longe por sobre o mar para ver seis construções solitárias sobre estacas. Esses chalés de pescadores são os remanescentes de uma comunidade de bom tamanho. Sumiram por causa de tufões e brigas jurídicas. *Mapa H4*

8 Perky's Bat Tower, Sugarloaf Key

Em 1929, o especulador imobiliário Richter C. Perky construiu essa estrutura esquisita para ser o lar dos sonhos de qualquer morcego. Esperava-se que os morcegos, em troca, exterminassem os vorazes mosquitos da região. Infelizmente, os morcegos "importados" fugiram imediatamente, e os mosquitos proliferaram *MM 17, perto da Sugarloaf Lodge • Mapa B6*

9 Nancy Forrester's Secret Garden, Key West

Imagine entrar num mundo atemporal, cheio de humor e da aura atraente de Key West *(p. 37)*.

10 "Garden of Eden", Key West

Os nudistas são bem recebidos nesse bar *(p. 124)* e também entre paredes e jardins de muitas pousadas da cidade.

The Bull, 2º andar, 224 Duval St, Key West • Mapa A3

Top 10 Escândalos

1 Barbara Meller-Jensen, Turista Malfadada
A visitante alemã foi assassinada em 1993, manchando a imagem do turismo de Miami.

2 Laroche, Ladrão de Orquídeas
Em 1997, o fabricante de perfumes pagou multa por roubar com a ajuda de seminoles, que não podem ser punidos pela lei.

3 Morte de Versace
Andrew Cunanan matou o magnata da moda na porta de casa em 15 de julho de 1997.

4 Mrs. Jeb Bush
A mulher do governador da Flórida foi pega com roupas de US$19 mil contrabandeadas.

5 Disputa por Elián González
A repatriação do garoto cubano sob a mira de armas pelo Departamento de Justiça foi manchete em 2000 e entristeceu a comunidade cubana.

6 Fiasco da Eleição
Flórida foi o epicentro da eleição presidencial de George Bush em 2000, por causa de um resultado bem duvidoso.

7 Ação Contra Estefan
Em 2001, a cantora Gloria Estefan se abalou com a acusação de que seu marido, Emilio, seduzira outro homem.

8 Pecado do Bispo O'Connell
Baixa de uma tempestade eclesial de pedofilia em 2002.

9 Rosie O'Donnell
Em 2002, a apresentadora assumiu ser lésbica e defendeu a adoção por gays no único estado que a proíbe.

10 Folia do Padre Alberto
Em 2009, o padre foi fotografado se engraçando com uma mulher, com quem se casaria após largar a batina.

Lincoln Road Mall; Hollywood Broadwalk; Van Dyke Café

TOP 10 Lugares para Ver Gente

1 Ocean Drive

O paradigma da "Riviera Americana". Sente-se num café ou percorra a Strip num conversível, de patins ou a pé mesmo. E, claro, se quiser exibir o corpo bronzeado, a Ocean Drive é o local *(p. 8)*.

2 CocoWalk

Uma série de lojas seletas, restaurantes, cafés ao ar livre e um cinema multiplex garantem a diversão. Mas nesse local, situado no coração do Grove, é ótimo só matar o tempo e ouvir uma banda tocar ao vivo, quase sempre na sacada logo acima *(p. 100)*.

3 Bayside Marketplace

Não existe tédio no ponto mais badalado durante o dia no centro de Miami, com butiques, música ao vivo, artistas de rua e comidas típicas servidas bem na marina *(p. 83)*.

Ocean Drive

4 Lincoln Road Mall

Só perde para a Ocean Drive em atração. Com fontes esculpidas e plantas, essa área de pedestres com lanchonetes ao ar livre está sempre animada. A Score, no 727, é muito boa à noite *(p. 57)*.

5 La Marea at the Tides

Prove o famoso Tropical Popsicle Martini vendo o movimento. La Marea atrai celebridades – talvez você acabe comendo ao lado de ricos e famosos *(p. 78)*.

6 Clevelander

Diante da praia, os cafés desse hotel transformam-se em alguns dos melhores lugares de SoBe quando anoitece. A proximidade da praia inspira um clima mais informal que o de outras casas noturnas, e sempre há muita gente para desfrutar a happy hour e música ao vivo *(p. 78)*.

CocoWalk

7 The Forge

Criado em 1968, esse restaurante e taberna é uma das tradições lendárias de Miami e favorito constante de celebridades. O famoso e premiado "Super Steak" é um clássico do Forge, mas o chef Dewey LoSasso

Clevelander

também serve pratos menos convencionais, como sanduíche de lagosta com pasta de amendoim e geleia. A adega, organizada pelo sabor, é incrível. ✆ *432 Arthur Godfrey Rd (41st St), Miami Beach • Mapa H3 • 305-538-8533 • $$$$$*

8 Commodore Plaza

Esse cruzamento é o segundo lugar mais frequentado de Coconut Grove. Cada esquina tem um ótimo ponto para ver a circulação constante de pedestres – de todos os locais, há vista para tudo. Tente o Green Street Café *(p. 102)*.

9 Hollywood Broadwalk

Raro trecho de praia onde um calçadão de pedestres de 4km se encontra junto da areia, logo ao norte de Miami Beach. Proporciona uma diversão constante junto às ondas, com gente de todo tipo indo de um lado ao outro *(p. 24)*.

10 Mallory Square, Key West

Sobretudo no pôr do sol, essa praça enorme na Duval Street, no lado do golfo, é um ponto de encontro de moradores e turistas. Artistas de rua mantêm a animação e há muitos ambulantes com comida e recordações *(p. 26)*.

Pôr do sol na Mallory Square

Top 10 Cafés

1 News Café
Faz jus ao título de café mais famoso de SoBe *(p. 8)*.

2 Van Dyke Café
Maior atração da Lincoln Road dia e noite, com um terraço em toda a volta e boate de jazz *(p. 78)*.

3 Green Street Café
O ponto nº 1 em Coconut Grove para ver gente. Happy hour (horário com bebidas mais baratas) e refeições imaginosas *(p. 102)*.

4 Berries in the Grove
Sente-se à fresca no pátio para aproveitar ao máximo a happy hour, o almoço e, especialmente, o brunch *(p. 105)*.

5 Nexxt Café
A qualquer hora do dia veem-se clientes saboreando entradas enormes e bebericando coquetéis coloridos, enquanto observam o movimento de mesas com guarda-sol *(p. 78)*.

6 Mango's Tropical Café
Um dos locais mais atraentes de SoBe – música ao vivo e dança, pratos "floribenhos" e coquetéis *(p. 78)*.

7 Clay Hotel
Esse lindo prédio antigo é um albergue da juventude, com um café modesto sempre lotado de jovens de todo o mundo *(p. 152)*.

8 Books and Books
Não deixe o silêncio iludir você – esse lugar é bem animado *(p. 104)*.

9 La Marea at the Tides
Clima romântico em mesas ao ar livre, diante do mar, na badalada South Beach *(p. 78)*.

10 Mangoes, Key West
Restaurante, bar e café de calçada situado em esquina movimentada *(p. 125)*.

Georgie's Alibi; A praia da 12th Street, SoBe

TOP 10 Lugares para Gays e Lésbicas

1 Praia da 12th Street, SoBe

Se toda South Beach é um reduto gay, esse trecho é onde o pessoal costuma se reunir aos montes, com tangas provocativas. *Mapa S3-4*

Travestis

2 Haulover Park Beach, Miami Beach

Caminhe para o norte, passe a praia de nudistas héteros e logo você chega à parte gay. *Mapa H3*

3 Praias para Gays em Fort Lauderdale

Existem duas praias principais "onde os garotos ficam" na região de Fort Lauderdale: o trecho em que a Sebastian Street cruza a A1A; e John U. Lloyd State Park Beach. Você percebe que chegou quando começa a ver rapazes com músculos saltados e sungas diminutas. *Mapa D3*

4 Pride Center at Equality Park

Situado na gay Wilton Manors, é um centro grande e bem conservado. Há uma ampla biblioteca com literatura e livros de consulta sobre gays, pessoal amistoso, um extenso calendário de eventos especiais e muitas oportunidades de interação social bem animada. *2040 N Dixie Hwy, Wilton Manors • Mapa G3 • 954-463-9005*

5 Bill's Filling Station

Âncora de Wilton Manors, o Bill's oferece mais que ótimos hambúrgueres, caraoquê e coquetéis. Quatro bares, sinuca, alvos de dardos e vinte TVs de tela plana entretêm a multidão, e em qualquer noite os fregueses podem participar de jogos de cartas, competições de homem mais sexy e espetáculos ao vivo. Os travestis roubam o palco nas noites de sábado. *2209 Wilton Drive, Wilton Manors • Mapa D3 • 954-567-5978 • www.billsfillingstation.com*

6 Shoppes of Wilton Manors, Fort Lauderdale

Um shopping center só de gays. Entre as lojas estão Gay Mart, In the Pink Books, Inside Out Boutique e Wicked Leather. Há também muitos bares de destaque, academias, boates e restaurantes, como Around the World Pizza, Chardees e Simply Delish. *Quadra do 2200 da Wilton Drive • Mapa D3*

7 Georgie's Alibi, Fort Lauderdale

Videobar, restaurante e bar de esportes localizado no único shopping center de gays de Fort "Lah-Dee-Dah", dentro dessa cidade gay ímpar que é Wilton Manors, cujo prefeito também é homossexual. O Alibi abriu

Veja os melhores lugares de SoBe para gays e lésbicas na **p. 76**

Wilton Manors, Fort Lauderdale

em 1997 numa área então dilapidada, mas desde então Wilton Manors desabrochou numa crescente comunidade gay – e esse bar floresceu com ela. Aliás, o Alibi é um dos melhores lugares para gays do sul da Flórida. ⓢ *2266 Wilton Drive, Wilton Manors • Mapa D3 • 954-565-2526 • www.georgiesalibi.com*

8 Ramrod, Fort Lauderdale

Ramrod é um lugar ótimo para tomar uma cerveja gelada e encontrar os gays mais descolados da cidade. A casa fica lotada nas sextas e sábados à noite. Em geral há fila na porta, mas vale a espera. DJs fantásticos fazem uma festa memorável, junto com torneios fetichistas para eleger o grupo mais obsceno. ⓢ *1508 NE 4th Avenue, Wilton Manors • Mapa D3 • 954-763-8219*

9 Boardwalk, Fort Lauderdale

Boate gay enorme, que atrai multidões de todas as idades a semana inteira. É um lugar vibrante e popular, com dançarinos que se apresentam toda noite. Às quartas-feiras, há uma competição de dança amadora, e aos domingos a *fiesta latina* começa às 21h. Shows de transformistas rolam nos fins de semana, e a happy hour vai todo dia das 15h às 21h. ⓢ *1721 North Andrews Ave • Mapa D3 • 954-463-6969*

10 Gay and Lesbian Community Center, Key West

O centro dispõe de biblioteca, sala de estar e toda a informação necessária. Entre os destaques, programação mensal de eventos especiais, como festas de vinho e queijo, grupos de debate e séries de cinema. Há teste gratuito de HIV. Visite ao menos para ouvir conselhos ou conversar. ⓢ *513 Truman Ave • Mapa A6 • 305-292-3223 • www.glcckeywest.org*

Praia em Fort Lauderdale

Veja hospedagem exclusiva para gays e lésbicas na **p. 153**

Worth Avenue; Collins Avenue, da 6th Street à 9th Street

TOP 10 Shopping Centers Elegantes

1 Bal Harbour Shops

O máximo da afetação, até na grafia inglesa de "Harbour" *(p. 92)*. Há Hermès, Gucci, Armani, Dior, Bulgari, Tiffany, Versace e Louis Vuitton, para não citar Chanel, Dolce & Gabbana, Prada e Lalique. É preciso dizer mais? Está bem: Nieman Marcus e Saks Fifth Avenue. *9700 Collins Avenue • Mapa H2 • 305-866-0311 • www.balharbourshops.com*

Emblema da Gucci

2 Village of Merrick Park

O Village of Merrick Park oferece lojas de varejo de luxo, junto com um jardim imaculado, ideal para concertos. A Neiman Marcus e a primeira Nordstrom de Miami ficam no centro, junto com uma série de lojas finas e lugares para comer, como o elegante Palm Restaurant. O estilo Renascimento Mediterrâneo, com seus caminhos ajardinados e fontes, combina com as obras do fundador da cidade, George Merrick *(pp. 18-9)*. *Miracle Mile, Coral Gables • Mapa G3*

The Falls

3 Collins Avenue, da 6th Street à 9th Street, SoBe

Esse trecho é ótimo para andar e fazer compras. Há hotéis-butique, charutarias e cafeterias entremeadas por lojas mais baratas, como Chicos e Payless Shoes. A variedade de preços faz dessa área um lugar de consumo para toda a família *(p. 75)*.

4 The Falls

Galerias ao ar livre e cobertas, com cascatas e vegetação tropical, formam o cenário de mais de cem lojas em sua maioria chiques, entre elas Bloomingdale's, Macy's, Banana Republic, Pottery Barn e Discovery Channel Store, para crianças. Além disso, são doze salas de cinema e treze restaurantes e cafés, como os indefectíveis Häagen Dazs e Mrs. Field's Cookies. *8888 SW 136th St. • Mapa F4 • 305-255-4570 • www.simon.com*

5 Aventura Mall

Suas lojas-âncora mais elegantes são Bloomingdale's e Nordstrom, mas também lojas especializadas como Henri Bendel, Anthropologie e Michael Kors. Instalações artísticas, alguns restaurantes excelen-

Boca Raton

tes, uma praça de alimentação variada e 24 salas de cinema completam o quadro. ✎ *Biscayne Blvd e 196th St, Aventura • Mapa H1 • 305-935-1110 • www.aventuramall.com*

6 Dadeland Mall

Há uma Saks Fifth Avenue até em South Miami – além de 170 lojas chiques e várias lojas-âncora, como a maior Macy's da Flórida. Se você não estiver atrás de pechinchas, basta ignorar a presença da JC Penney, da Radio Shack e da Best Buy. A decoração é agradável, ainda que seja previsível – pilares de palmeira e teto imitando o céu. ✎ *7535 N Kendall Drive • Mapa F4 • 305-665-6226 • www.simon.com*

7 Worth Avenue, Palm Beach

Um montão de lojas obrigatórias ultraexclusivas, soberbamente caras, para comprar a nata dos artigos obrigatórios *(p. 25)*.

8 Las Olas Boulevard e a Galleria

O comércio sofisticado de Fort Lauderdale está distribuído entre sua rua principal, no centro, e um shopping pertinho da praia. As mais de cem lojas do Las Olas são exclusivas, junto com restaurantes bons de verdade. A Galleria, no East Sunrise Blvd com A1A, conta com Neiman Marcus e Saks Fifth Avenue. ✎ *Mapa D3*

9 Boca Raton

O principal shopping de Boca foi ampliado e deu um salto e tanto para um patamar ainda mais luxuoso. Agora tem uma Nordstrom para rivalizar com Saks, Cartier, Tiffany, Bloomie's e Williams-Sonoma. Com vegetação exótica, claraboias, pastilhas vitrificadas manualmente e detalhes esculturais, o shopping dispõe também de uma praça culinária luxuosa – nada de fast food! Se você for ao centro de Boca, passeie pelo Mizner Park, de cor de salmão, onde também há opções de compras chiques. ✎ *Town Center 6000 W Glades Road • Mapa D3 • 561-368-6000 • www.simon.com*

10 Duval Street, Key West

Além de lojinhas de camisetas, o principal chamariz de Key West *(p. 26)* é também o local de lojas incríveis com artigos de qualidade, entre elas: roupas, na Fast Buck Freddie's (nº 500); joias, na Sunlion Jewelry (nº 513); Gingerbread Square Gallery, com objetos de vidro de artistas locais e de classe internacional (nº 1207); e Archeo Ancient Art, especializada em arte africana e tapetes persas (nº 1208). ✎ *Mapa A6*

Veja as melhores lojas de rua em Miami e nas Keys nas **pp. 75, 88, 94, 104, 110 e 122**

Prédios art déco de cerâmica; Butique de South Beach; Española Way

TOP 10 Malls e Mercados

Bayside Marketplace

1 Bayside Marketplace

Essa feira esparramada está cheia de butiques de rede, com uma ou outra loja fina para dar mais sabor *(p. 83)*.

2 Sawgrass Mills Mall

Ele se autointitula o maior shopping center do mundo, presunção em que você acredita ao circundá-lo de carro para achar a entrada. Esse monstro comercial de 30 mil m² reúne mais de 300 lojas de marca com desconto, de excelentes artigos a quinquilharias. ⊗ *12801 W Sunrise Blvd, com Flamingo Rd • Mapa D3 • 1-800-356-4557*

3 Seybold Building

Junto à Flagler Street, onde se pode pechinchar todo tipo de aparelho eletrônico a preço baixo, esse prédio é especializado em pedras preciosas e joias, no atacado e no varejo. Apesar de ser um lugar onde joalheiros se abastecem, os meros mortais também podem sair à caça e investir em pedras soltas ou joias exclusivas requintadas *(p. 88)*.

4 Dolphin Mall

Mais de 200 lojas preenchem o mais novo shopping de nível médio da Grande Miami. Em parte, é uma vitrine para pesos-pesados como Saks Fifth Avenue, Brooks Brothers e Giorgio's, mas também há uma boa gama de butiques e dezenove salas de cinema no centro de tudo, nas "Ramblas", onde estão os restaurantes mais animados. ⊗ *11401 NW 12th Street • Mapa E3 • 305-365-7446 • www.shopdolphinmall.com*

5 Dania Beach Historic Antiques District

Encontra-se nesse local a maior concentração de antiquários do sul da Flórida. Mais de cem vendedores oferecem uma profusão de móveis, belas-artes, joias e bijuterias, além de objetos de vidro, cerâmica e porcelana e diversos colecionáveis. Como os preços variam bastante, pesquise primeiro. ⊗ *Federal Highway 1 a norte por 2 quadras a partir do Dania Beach Blvd • Mapa D3*

Dolphin Mall

Antiques District

6 Española Way Market

Sábado e domingo, há uma feira bem esotérica nesse local, que vende flores, artesanato e produtos orgânicos. Uma fartura de artigos vagamente hippies marca presença, como amuletos, velas perfumadas, pedras, quinquilharia oriental e roupas exóticas – tudo natural, é claro. Você pode mandar ler suas mãos ou, se preferir, pintá-las com hena. *15th St, South Beach • Mapa R3*

7 Los Pinareños Fruteria

Principal mercado de hortifrútis de Little Havana, onde também há suco de fruta fresco, lanches e flores *(p. 88)*.

8 Opa-Locka/Hialeah Flea Market

Até 1.200 negociantes vão a esse mercado sete dias por semana, das 7h às 19h, à caça de qualquer coisa imaginável que satisfaça a sanha consumista. Nos fins de semana é melhor, quando o número de comerciantes, curiosos e barganhistas se avoluma. *12705 NW 47th Ave • Mapa G2*

9 Lincoln Road Markets

Essa área de pedestres animada, dotada de fontes atraentes e lojas e restaurantes finos, também conta com vários mercados. Aos domingos, há um que vende frutas e flores, além de produtos regionais e especialidades. Em domingos alternados, de outubro a maio, há também uma feira de colecionadores e, na segunda terça-feira do mês, "Arts on the Road" apresenta todas as variedades de obras de arte. *Lincoln Road, entre Washington Ave e Alton Rd • Mapa Q-R2*

10 The Swap Shop

Uma área de compras de 350 mil m² com preços baixos, que atende a 12 milhões de consumidores por ano. O mercado de pulgas ao ar livre tem antiguidades, objetos de coleção, roupas, plantas e produtos agrícolas. No total, são cerca de 2 mil vendedores. Do lado de dentro, além de uma praça de alimentação variada e jogos eletrônicos, há brinquedos de parque de diversões. O complexo diz ter o maior cinema drive-in do mundo, com catorze salões. *3291 W Sunrise Blvd, entre I-95 e Florida's Turnpike, Fort Lauderdale • Mapa D3 • www.floridaswapshop.com*

Feira da Lincoln Road

Mynt; Jazid; Sky Bar

TOP 10 Vida Noturna

Cameo

1 Cameo
Instalado numa joia arquitetônica, o ex-Cameo Theater, o Cameo é diversão da mais alta tecnologia, excitante e cheia de personalidade. Você deve mesmo usar seus sapatênis Prada ou qualquer novidade que encante os entendidos de moda *(p. 77)*.

2 Jazid
Lugar especial em Miami Beach para quem gosta de jazz. Os melhores músicos do sul da Flórida tocam no local toda noite. Como não há couvert, aja certo pedindo uma ou duas bebidas para que esse reduto antichique continue aberto. Vai-se pela música, um toque de autenticidade no mar de ostentação de SoBe *(p. 77)*.

3 Mansion
Uma das boates mais legais de South Beach. Escadas amplas em curva, lareiras ornadas, paredes de tijolo aparente e arcos altos estão por todo canto. Há cantos aconchegantes e salas privativas para grupos. Trata-se de um lugar para ver e ser visto *(p. 77)*.

Boate Mansion

4 Sky Bar
Casa noturna de South Beach, o Sky Bar atrai moradores e turistas com sua eclética mistura de música – de rock dos anos 80 a ritmos atuais. A movimentação não para, com DJs e convidados especiais para entreter a multidão *(p. 77)*.

5 SET
Decorada com toques do velho charme de Hollywood, essa boate chique de dois andares é a melhor opção para dividir o espaço com a gente bonita de Miami. Há uma área VIP, uma sala hip-hop e, no andar de baixo, música house e tecno *(p. 77)*.

6 Bongos Cuban Café
Situada na American Airlines Arena, em Miami, essa casa noturna conta com bastante ritmo, música e dança. Foi inaugurada por Gloria e Emilio Estefan e mistura a autêntica cozinha cubana e música de danceteria. Dançarinos profissionais ajudam a animar a multidão *(p. 77)*.

South Beach é o centro da vida noturna de Miami. Conheça a vida noturna das Keys nas **pp. 123-4**

Nikki Beach Miami

7 Nikki Beach Miami
Esse conjunto diante da praia é um playground para modernosos de SoBe e europeus chiques. O Nikki Beach fica no térreo e o Club 01, no primeiro andar. Há novos temas e danças toda semana, bem como desfiles de moda e diversão interativa. Tem manobrista *(p. 77)*.

8 Mynt
Aproveite o cardápio de coquetéis personalizados nessa ótima casa noturna de South Beach. A clientela ostentosa gosta de festejar com classe, embora não haja uma pista de dança propriamente dita *(p. 77)*.

9 Twist
Mais destacada casa para gays de SoBe, ampla e sempre agitada, mas só começa bem tarde, claro, e segue até o amanhecer. Não vá antes da meia-noite se não quiser ser visto como ansioso. Ganhou popularidade recentemente e passou a atrair héteros também *(p. 76)*.

10 Tantra Restaurant and Lounge
Você depara com uma parede de água assim que entra no Tantra. Sinta o cheiro das velas com perfume de jasmim ao som de músicas new age. Sempre há uma fila para entrar, mas não chegue muito cedo. A diversão só começa de madrugada *(p. 77)*.

Top 10 Bebidas Tropicais

1 Mojito
A poção favorita de Hemingway: água com gás, rum leve, folhas de hortelã maceradas, açúcar e limão a gosto.

2 Hurricane
Sucesso total: mistura runs leve e encorpado, curaçau e suco de lima.

3 Piña Colada
É impossível superar a mistura de leite de coco, suco de abacaxi e o rum preferido.

4 Rum Runner
Reflexo dos contrabandistas caribenhos durante a Lei Seca, esse clássico tem várias versões e sabores: melão, romã, amora etc.

5 Sangria
Variações quase infinitas de frutas com vinho tinto.

6 Cosmopolitan
As variações do tema vodca com Cointreau são criativas. Costuma ser feita com oxicoco e laranja.

7 Daiquiri
Outra eterna mistura caribenha de rum com o que você quiser: manga, morango, limão, pêssego, goiaba etc.

8 Margarita
Essa delícia mexicana é servida na versão normal ou com gelo, com qualquer fruta – e vários licores.

9 Mai Tai
Uma versão da eterna bebida polinésia tem licor de abricó, banana, romã e sucos tropicais.

10 Martini
Essa antiga alternativa aparece em milhares de opções criativas: com licores de fruta, por exemplo, ou até com chocolate branco ou preto!

Patas de caranguejo-negro; Tap Tap

TOP 10 Restaurantes

Le Bouchon du Grove, Coconut Grove

1 Caffe Abbracci, Coral Gables

Aprecie a autêntica culinária italiana nesse favorito na cidade. O ambiente formal é perfeito para uma ocasião especial. Prove o raviόli com recheio de lagosta ou o nhoque à amatriciana (molho de bochecha de porco com tomate). *318 Aragon Ave, Coral Gables • Mapa G3 • 305-441-0700 • $$$$*

2 Barton G – The Restaurant, Miami Beach

Desfrute pratos requintados no jardim de orquídeas ou no elegante bar. O Barton G conhece elegância descontraída *(p. 79)*.

3 The Forge Restaurant and Lounge, Miami Beach

Fique pertinho da nata e das celebridades de Miami e coma pratos requintados de carne bovina e carneiro. Com extensa carta de vinhos e seis salões de refeição, cada qual com sua decoração, é um lugar para se exibir. *432 41st Street, Miami Beach • Mapa H3 • 305-538-8533 • $$$$$*

4 Escopazzo, South Beach

O mais italiano possível fora da Itália. É uma joia para vegetarianos, e você se sentirá em casa nesse lugar singelo *(p. 79)*.

5 Tap Tap, South Beach

Cores aos montes encantam os olhos onde quer que se olhe, na maioria imagens semirreligiosas de divindades vudus benéficas. Sabores haitianos simples, suntuosos e apimentados abrem o apetite *(p. 79)*.

6 Versailles, Little Havana

Esse restaurante cubano favorito de todos é obrigatório numa visita a Little Havana – lugar animado e alvoroçado. A comida cubana pode ser uma prova dura

Michael's Genuine Food and Drink; Versailles

Joe's Stone Crab

para estômagos sensíveis, mas é autêntica *(pp. 15 e 89)*.

7 Joe's Stone Crab, South Beach

Tradição de SoBe, eternamente lotado. Situado junto da praia, é sempre excelente, ainda que turístico demais para certas pessoas. Fechado de agosto a meados de outubro *(p. 79)*.

8 Palme d'Or, Coral Gables

Localizado no prestigioso Biltmore Hotel, esse restaurante premiado leva a fina culinária francesa a novo patamar. Você vai contar com frutos do mar fresquíssimos, ingredientes regionais e uma carta de vinhos quase perfeita. *1200 Anastasia Avenue, Coral Gables • Mapa F3 • 305-913-3201 • $$$$$*

9 Le Bouchon du Grove, Coconut Grove

Adorado pelos moradores, esse bistrô francês fica abarrotado no almoço. Cartazes pitorescos, croissants fresquinhos e sobremesas deliciosas fazem desse estabelecimento acolhedor o lugar perfeito para uma refeição informal. As mesas ao ar livre, diante da rua movimentada, são bem disputadas. *3430 Main Highway, Coconut Grove • Mapa G3 • 305-448-6060 • $$$*

10 Michael's Genuine Food and Drink

O chef e proprietário Michael Schwartz põe paixão em cada prato dessa premiada raridade de bairro *(p. 95)*.

Top 10 Comida e Bebida Floribenhas

1 Café Cubano (Cafecito)
Uma xicrinha de café superadoçado é a grande pedida de muita gente. Se quiser com um pingo de leite, peça um "cortadito".

2 Sopa ou Bolinho de Molusco
O bicho que parece um caramujo e habita conchas cor-de-rosa é um prato tradicional de textura bem borrachenta.

3 Feijão-Preto com Arroz
"Mouros e cristãos" é o prato essencial da alimentação cubana. Seu sabor defumado se harmoniza com quase tudo.

4 Lascas de Yucca/ Banana-da-Terra
As variações com banana e batata são servidas em fatias bem fritas – levemente doces e aromáticas.

5 Garoupa "Blackened"
A garoupa "escurecida" é uma receita cajun que pegou na maioria dos restaurantes do sul da Flórida.

6 Ceviche
Frutos do mar marinados com suco de limão, cebola, pimentão verde e coentro.

7 Lechon Asado
O porco é essencial na alimentação cubana. E o leitão assado é o máximo.

8 Chimichurri
Molho de azeite, alho, sumo de limão ou vinagre e salsa. A pimenta jalapeño é opcional.

9 Key Lime Pie
O limão-das-keys se parece mais com lima-da-pérsia e rende tortas maravilhosas.

10 Alfajores
Os típicos de Cuba levam chocolate, creme e coco.

Veja mais sobre ótimos lugares para comer em Miami e nas Keys nas **pp. 79, 89, 95, 105, 111, 125 e 130**

Posto de salva-vidas na Costa do Ouro; Deco District; Little Haiti, pela Hwy 1

TOP 10 Passeios de Carro e a Pé

Centro de Miami

1 De Miami Beach à Ponta de Key Biscayne

De South Beach, siga de carro a oeste pela 5th Street, que se transforma na MacArthur Causeway, I-395. Há ótimas vistas por sobre o mar e as chiques ilhas artificiais, principalmente a Star, a Palm e a Hibiscus. Logo você passa alto por cima do centro, por um viaduto que leva à I-95, tendo um panorama amplo de muitos arranha-céus, mais atraentes à noite. Antes de a I-95 terminar, pegue a saída para Key Biscayne. Pare no pedágio da Rickenbacker Causeway (US$1). Bem alta, a estrada em arco oferece mais belas vistas do horizonte e leva à deserta Virginia Key e depois à tranquila Key Biscayne. ⦸ *Mapa H3-4*

2 Routes North

Existem três maneiras de viajar de carro de Miami para o norte: a Interstate 95 é a estrada mais rápida, a não ser no horário de pico, mas só deve ser usada se você tiver um destino certo. A Highway 1 fica mais próxima do mar, mas, por ter uma sucessão de lojas praticamente por toda a extensão, o trânsito "para e anda" pode ser um aborrecimento. Já a A1A compensa o tempo gasto, porque proporciona uma série de atrações naturais e passa por bairros elegantes nas costas do Ouro e do Tesouro *(pp. 24-5 e 128)*.

3 De Miami a Key West

Você pode fazer esse percurso em cerca de 3h30, mas para que se apressar? Há coisas lindas pelo caminho, como a fantástica lagosta gigante no The Rain Barrel. Sem dúvida vale a pena comer o ótimo almoço ou jantar de frutos do mar na água. Entre outras atrações, há parques e reservas naturais *(pp. 36-7)* e a Perky's Bat Tower *(p. 49)*. ⦸ *Mapa D4-A6*

Everglades

Veja dicas para circular em Miami na **p. 137**

Hotéis de SoBe

4 Caminhos nos Everglades

Há várias estradas para explorar os Everglades: I-75, Alligator Alley; Hwy 41, Tamiami Trail; ou uma estrada menos modernizada (nº 9336), que sai de Florida City. Fora dessas rodovias, você acha muitas oportunidades de excursão na natureza *(pp. 28-9 e 127)*.

5 Deco District

Com cerca de 800 maravilhas arquitetônicas do Tropical Deco para contemplar, não dá para ignorá-las: ande ou pedale pela Ocean Drive e pelas avenidas Washington e Collins, mais ou menos entre a 5th e a 22nd Street *(pp. 10-3)*.

6 A Vida em SoBe

Quase igual ao Deco District. Todo o movimento se concentra em três áreas: Ocean Drive e nas ruas paralelas às avenidas Collins e Washington (onde está a maioria das boates); as sedutoras esplanadas de pedestres da Lincoln Road; e Española Way *(pp. 8-9 e 57)*.

7 Calle Ocho

O principal lugar para caminhar por Little Havana é na SW 8th Street, mais ou menos entre as avenidas 11th e 17th. Mas os pontos interessantes estão espalhados por muitas quadras ao redor – é melhor ir de carro, não a pé, à maioria deles *(pp. 14-5)*.

8 Coconut Grove

Sempre agitada, em geral com jovens alegres, essa parte da cidade é bem vibrante. Além de lojas, restaurantes ao ar livre e cafés, bandas tocam ao vivo no CocoWalk *(pp. 98-105)*.

9 Key West Old Town

O único modo sensato de circular por Key West é a pé ou de bicicleta: há muito para ver e, fora isso, geralmente é difícil estacionar. Pode ser bom fazer uma excursão *(p. 121)*, mas é ainda melhor andar para onde a vontade levar *(pp. 26-7)*.

10 Palm Beach

Para conhecer a essência dessa cidade rica, comece a caminhar na altura da Worth Avenue pela praia do Ocean Blvd. Caminhe a oeste e dê uma espiada no maior número possível das incríveis lojas. Prossiga na direção do palácio rosa de Addison Mizner, Casa de Leoni (no 450), depois pegue a Lake Drive a norte para o Royal Palm Way. Visite a Society of the Four Arts, depois continue a norte até o Flagler Museum. Por fim, vá a leste pelo Royal Poinciana Way e a sul até o The Breakers *(p. 25)*.

Mallory Square, Key West

Fairchild Tropical Garden; Tantra

TOP 10 Lugares Românticos

1 Vizcaya Museum and Gardens

Num belo pastiche de estilos de mais ou menos 500 anos de arquitetura europeia, as peças foram na maior parte compradas no Velho Mundo por um magnata do século XX para ser readaptadas a esse confortável palácio *(pp. 16-7)*.

2 Venetian Pool

Uma fantasia suntuosa com água, jardins e pedras esculpidas, onde Esther Williams (diva das piscinas de antigamente) costumava fazer nado sincronizado em seus filmes. A piscina é fruto da imaginação do empresário George Merrick *(pp. 18-9)*.

3 Ancient Spanish Monastery Cloister and Gardens

Com jardins e claustros magníficos que lembram terras antigas e namoros formais, o antigo mosteiro passou a ser procurado para casamentos. O prédio remonta à Espanha do século XII, embora só tenha chegado

Ancient Spanish Monastery

à Flórida no século XX. Depois de terem ficado esquecidas em caixotes durante anos, as peças foram remontadas nos anos 1950 *(p. 91)*.

4 Fairchild Tropical Garden

Lagos prateados tranquilos, áreas cheirosas à sombra e retiros luxuosos são capazes de despertar romantismo em qualquer pessoa. Explore o Fairchild no seu ritmo ou conheça tudo num passeio de 40 minutos em ônibus aberto – e talvez fique um pouco mais para jantar no Red Fish Grill *(p. 107)*, perto.

Venetian Pool

5 Coral Castle

Um certo Edward Leedskalnin criou esse enorme coração enamorado de pedra de coral para reconquistar sua amada. Ela nem se abalou com esse esforço hercúleo, e ele morreu no local, solitário, em 1951 *(p. 107)*.

Morikami

6 Morikami Japanese Gardens

Algumas peças originais de mil anos desse lugar tranquilo foram feitas para a nobreza japonesa – locais de inspiração para os nobres declamarem poemas entre si ou buscarem consolo em épocas difíceis. Poucos lugares evocam a serenidade e a profundidade espiritual que se sentem nesses jardins, entre pedras inertes e cascatas murmurantes *(p. 37)*.

7 Tantra

Culinária afrodisíaca em contexto erótico lembra a cultura indo-persa. Tapetes de grama verdadeira e esculturas e pinturas sensuais dão o tom. Pratos sublimes da fusão de Oriente Médio e Índia são servidos com certo descaso, mas de modo sugestivo, num ambiente à luz de velas com ventiladores de palmeira girando devagar. *1445 Pennsylvania Ave • Mapa R3 • 305-672-4765 • $$$$$*

8 Red Fish Grill

Talvez o ambiente mais idealístico de Miami, com plantas leves e vistas para a baía cintilante. A intensa paisagem de Biscayne Bay, dos Fairchild Tropical Gardens, do Mattheson Hammock Park e da Atoll Pool, de água salgada, torna inesquecível a refeição. O atendimento é solícito e a comida, deliciosa *(p. 111)*.

9 Hotel Place St. Michel

Hotel-butique à francesa com restaurante refinado. Se ficar uma ou duas noites, você vai se sentir numa pensão chique de Paris. O bistrô, com iluminação tênue, é um lugar perfeito para uma conversa íntima tranquila – mas está a curta caminhada do agitado centro de Coral Gables *(pp. 105 e 150)*.

10 Mallory Square, Key West, no Pôr do Sol

Ainda que à sua volta possa haver uma horda que também foi admirar o pôr do sol, a beleza do momento e o clima de contentamento compõem uma experiência memorável. Veja o sol se pôr atrás de um veleiro, tingindo de rosa e laranja o céu para o lado do golfo do México. Os românticos de verdade devem ficar atentos ao sedutor clarão verde que, segundo dizem, ocorre pouco antes de o sol desaparecer no horizonte – se você conseguir vê-lo, é sorte certa no amor *(p. 26)*.

Miami Science Museum and Planetarium; History Miami

TOP 10 Atrações para Crianças

1 Jungle Island
Parque temático empolgante com papagaios, felinos, répteis e muito mais *(p. 71)*.

2 Hobie Beach
Praia excelente, que atrai windsurfistas e também famílias que gostam do mar calmo e raso *(pp. 30-1)*.

Papagaios, Zoo Miami

3 Miami Seaquarium
A "baleia assassina" Lolita, o golfinho de cinema Flipper e o leão-marinho Salty estão lá para encantar a criançada *(p. 72)*.

4 Amelia Earhart Park
Um dia ao ar livre divertido e saudável. No parque há muitos filhotes de animais domésticos para acariciar e passeios de pônei nos fins de semana, ilhas para conquistar, praias para explorar, playgrounds e lagos cheios de peixes. Ferreiros e artesãos mostram sua habilidade, e em todo canto não se vê muita gente, pois o parque está bem fora do roteiro turístico. *⊗ 401 E 65th St com NW 42nd Ave • Mapa G2 • 305-685-8389 • 9h-pôr do sol diariam • Entrada paga*

5 Zoo Miami
Esse zoológico é uma delícia sem fim para as crianças. Na área de animais domésticos, há apresentações regulares de "Teatro Ecológico", onde os pequenos podem tocar em várias espécies exóticas e aprender sobre o ambiente local da Flórida. Também perto da entrada está o Dr. Wilde's World, que apresenta mostras interativas ambulantes. Entre outras experiências, há es-

Hobie Beach

Há muita diversão para as crianças nos hotéis do sul da Flórida – **p. 145**

tações de olfação, quebra-cabeças com animais e uma parede sensorial *(p. 107)*.

6 Key West Butterfly and Nature Conservatory

Passeie por uma estufa exótica de vidro, que forma um habitat com centenas de borboletas, plantas floridas, aves e cascatas. *1316 Duval Street, Key West 33040 • Mapa A6 • 800-839-4647 • www.keywestbutterfly.com • 9h-17h diariam • Entrada paga*

7 History Miami

O museu, no centro de Miami, criou uma série de atividades interativas e programas multimídia, como exploração da ecologia passada e presente dos Everglades *(pp. 42-3)*.

8 Miami Science Museum and Planetarium

Os jovens e curiosos encontram muita coisa que prende a atenção e desperta a imaginação. São mais de 140 peças interativas que exploram os mundos do som, da luz e da gravidade, sem falar da chance de abraçar um dinossauro. Além das coleções de fósseis, insetos, aranhas e borboletas, há do lado de fora o Wildlife Center, lar de aves, tartarugas e serpentes enormes. O Planetário, de alta tecnologia, promove espetáculos de raios laser ao som de rock. *3280 S Miami Ave • Mapa L5 • Museu: 305-646-4200 • Planetário: 305-646-4400 • www.miamisci.org • 10h-18h diariam; fechado Ação de Graças e Natal • Entrada paga*

9 Miami Children's Museum

Aprende-se, imagina-se e cria-se nesse museu, que dispõe de centenas de peças interativas e materiais relacionados com artes, cultura e comunicação.

Miami Seaquarium

Fisgue um peixe na cascata ou faça um cruzeiro num navio de mentira, que tem até vigias. *980 MacArthur Causeway • Mapa G3 • 305-373-5437 • www.miamichildrensmuseum.org • 10h-18h diariam • Entrada paga*

10 Key West Aquarium

O tanque interativo é uma ótima atração para as crianças, que podem pegar estrelas-do-mar, conchas e caranguejos-ferradura – além de poder acariciar um tubarão vivo! Quando inaugurado, em 1934, o aquário foi a primeira atração turística de Key West, e continua atraindo multidões, não só pela interatividade, mas também pelas visitas guiadas educativas, bastante divertidas. Não deixe de ver o raro peixe-espada na hora de sua alimentação. *1 Whitehead St com Mallory Square • Mapa A6 • 305-296-2051 • www.keywestaquarium.com • 10h-18h diariam • Entrada paga*

Nas páginas seguintes, **fonte em Boca Raton rodeada de palmeiras, com a antiga prefeitura ao fundo**

ÁREA POR ÁREA

Hotel art déco; Passeio de jet-ski; Mynt Nightclub

Miami Beach e Key Biscayne

Delano Hotel

NENHUM OUTRO LUGAR DA TERRA *parece viver tão em função do charme quanto Miami Beach. Todos os traços da vida moderna aparecem até o máximo limite: símbolos de velocidade, riqueza e status são alardeados em qualquer lugar nesse balneário com consciência corporal e grande apelo sexual. Key Biscayne, a próxima ilha grande ao sul, faz um contraste gritante com o dinamismo e a voluntariedade de sua vizinha – você encontra um clima tranquilo e familiar a perpassar os parques, as praias perfeitas e os poucos museus.*

TOP 10 Destaques

1. SoBe e Deco District
2. Jungle Island
3. Wolfsonian-FIU
4. Bass Museum of Art
5. Miami Seaquarium
6. Crandon Park
7. Marjory Stoneman Douglas Biscayne Nature Center
8. Harbor Drive
9. Bill Baggs Cape Florida State Park
10. Cape Florida Lighthouse

Park Central Hotel

Cavalier Hotel, Deco District

1 SoBe e Deco District

Alta sociedade e decadência se misturam e a diversão nunca para nesse vibrante bairro de praia e vida noturna de South Beach, ou SoBe *(pp. 8-9)*. Elemento essencial de Miami Beach, o Deco District *(pp. 10-3)*, de fama mundial, conserva-se em centenas de construções pitorescas e inspiradas.

2 Jungle Island

Veja mais de 3 mil espécies animais e mais de 110 espécies vegetais nesse parque temático de 75 mil m². O elemento central são os lindos jardins tropicais, além do famoso espetáculo de aves, com papagaios, araras, cacatuas, um calau e outros pássaros incomuns. Além deles, há muito mais: uma enorme variedade de répteis (inclusive um raro aligátor albino) e serpentes venenosas, no Serpentário, e uma área com animais domésticos. Não é preciso pagar para entrar no Lakeside Café e desfrutar a vista – ele dá para um mar de flamingos, o Flamingo Lake. *Watson Island, em Biscayne Bay, perto do porto de Miami • Mapa G3 • 305-400-7000 • www.jungleisland.com • 10h-18h diariam • Entrada paga*

3 Wolfsonian-FIU

Museu maravilhoso e instituto de pesquisa que conta a história da Art Déco e de outras tendências artísticas modernas significativas. O acervo está em exposição em um antigo depósito da década de 1920 *(pp. 22-3)*.

Fachada do Wolfsonian-FIU

4 Bass Museum of Art

Influenciado pela arquitetura maia, esse prédio déco dos anos 1930, que era o Centro de Arte e Biblioteca Pública de Miami Beach, ganhou fama em 1964, quando John e Johanna Bass doaram sua grande coleção de arte. Consiste principalmente em pinturas, esculturas e tecidos europeus dos séculos XV ao XVII – destacam-se obras renascentistas e barrocas, além de telas de Rubens e tapeçaria flamenga do século XVI. *2121 Park Ave, South Beach • Mapa S1 • 305-673-7530 • www.bassmuseum.org • 12h-17h qua-dom • Entrada paga*

Pintura de Ghirlandaio, Bass Museum

Orca, Miami Seaquarium

5 Miami Seaquarium

Esse aquário marinho é uma instituição de Miami desde os anos 1960, quando *Flipper*, série de TV de sucesso, foi filmada nele. Golfinhos amestrados nadam numa lagoa próxima; se você pagar uma taxa, pode ficar com eles sob a vigilância de um adestrador. Há espetáculos ao longo do dia, com leões-marinhos, uma orca e golfinhos. Outros locais têm mirantes para ver manatis, tubarões, arraias, pelicanos e um aquário de corais. ✆ *4400 Rickenbacker Causeway, Virginia Key • Mapa H3 • 305-361-5705 • www.miamiseaquarium.com • 9h30-18h diariam • Entrada paga*

6 Crandon Park

Key Biscayne tem algumas das melhores praias de Miami. Sem dúvida, a mais impressionante é a do Crandon Park, que está entre as dez melhores do país. Situada na metade de cima da ilha, tem 5km de extensão e é superlarga, com palmeiras e áreas para piquenique. O mar é calmo, raso e bom para a prática de snorkel. Há também barracas licenciadas, 75 churrasqueiras, um calçadão de madeira sinuoso e estacionamento. ✆ *Mapa H3 • 305-361-6767*

Miami Vice

Em 16 de setembro de 1984, Miami se transformou quase da noite para o dia: estreava na TV a série *Miami Vice*, abrindo caminho para a cidade conquistar o mundo da ostentação de elegância e do hedonismo. De repente, o universo fantasioso de bandidos ousados, carros esporte e negociatas ocupou o imaginário de todos, e Miami passou a ser obrigatória.

7 Marjory Stoneman Douglas Biscayne Nature Center

Parte do Crandon Park, esse prédio contém um raro recife de madeira fossilizada e raízes de mangue-preto ao longo da costa nordeste de Key Biscayne. Usando calçados apropriados, você pode caminhar pela água rasa para explorar o mundo subaquático. O centro ecológico leva o nome da mulher que, praticamente sozinha, salvou os Everglades de empreendimentos imobiliários, e oferece informação e passeios com guia. ✆ *4000 Crandon Blvd, Key Biscayne • Mapa H4*

8 Harbor Drive

Serpenteando pelo litoral oeste, essa rua é o coração do bairro residencial nobre de Key Biscayne. Os sortudos que têm casas na rua para o lado do mar veem do seu quintal o panorama magnífico do centro de Miami. Ainda que haja algumas mansões, a maioria das casas é de tamanho modesto. Ainda assim, é um bairro esparso, onde se veem íbis ciscando nos gramados. ✆ *Mapa G4*

9 Bill Baggs Cape Florida State Park

Essa praia, também classificada entre as dez melhores do país, tem ao lado a comodidade de áreas de piquenique e pavilhões

Passarela, Bill Baggs

junto a passarelas nas dunas. A areia fofa às vezes apresenta tufos de algas, mas você deve tomar cuidado é com as águas-vivas, que podem queimar a pele. *Mapa H4 • 305-361-5811 • Entrada paga*

10 Cape Florida Lighthouse

A mais antiga construção do sul da Flórida funciona como farol desde 1825. Em 1836, o farol do cabo Flórida foi destruído por índios, mas reparado dez anos depois. Desde então suportou terríveis investidas da natureza, mas a maior ameaça veio do simples abandono que se seguiu à desativação, em 1878. Só em 1966 se iniciaram sua reforma e preservação. *Mapa H4 • Visitas às 10h e 13h; 109 degraus até o alto*

Cape Florida Lighthouse

Caminhada pelo Deco District

Manhã

Da extremidade sul do distrito, na **Ocean Drive** com a 6th Street, siga para o norte, a fim de admirar não só as fachadas, mas também o interior do maior número possível de hotéis. Muitos têm elementos de decoração únicos no saguão, no bar e no jardim.

Entre os hotéis **Leslie** e **Cardozo** está o lindo **Carlyle**, que hoje funciona como condomínio.

Depois do Cavalier, vire à esquerda e siga até a segunda via, **Collins Avenue**. Dobre à direita na Collins e entre para almoçar no nº 1.450, **Jerry's Famous Deli**, construído por Henry Hohauser em 1939 no estilo náutico encurvado.

Meio da tarde

Mais adiante, você acha o **St. Moritz Hotel**, com fachada de coral entalhada e néon.

No nº 1.685, veja o **Delano**, todo branco, com uma marcante torre alada. O estranho interior pós-moderno foi desenhado por Philippe Starck e tem um Dalí original e móveis de Gaudí.

A parada seguinte é no **Ritz Plaza**, outro edifício envidraçado fantástico. Quando chegar à 21st St, vire à esquerda; na esquina seguinte está o **Abbey Hotel**, um prédio no estilo Flash Gordon e com lindo tema de salamandra.

Volte à Collins Ave, onde se encontra no nº 1.775 o **The Raleigh Hotel**, belo local para uma bebida.

Veja mais sobre o Deco District nas **pp. 10-3**

Pesca; Ciclismo; Mergulho

TOP 10 Opções de Esportes

1 Natação

A piscina do hotel ou o agitado oceano Atlântico? Você está na Flórida, onde é primordial nadar – e praticar snorkel, em locais mais tranquilos, sobretudo no Crandon Park, em Key Biscayne *(p. 72)*, ou no South Pointe.

2 Vôlei

Onde existe uma praia urbanizada você encontra uma rede de vôlei e gente disposta a jogar. O Lummus Park é o melhor lugar para você mostrar sua destreza aos praianos de carteirinha, mas o South Pointe Park quase se iguala a ele.

3 Pesca

Pescaria em alto-mar ou a mais convencional, num píer ou cais – ambas estão à disposição. O Sunshine Pier, na praia da First Street, em Miami Beach, é bom. Ou então vá ao quebra-mar logo ao sul do farol de Key Biscayne.

4 Ciclismo

Bicicleta é o melhor veículo para circular em Miami Beach e Key Biscayne. *Mangrove Cycles, 260 Crandon Blvd, Key Biscayne, 305-361-5555 • Miami Beach Bicycle Center, 601 5th Street, South Beach, 305-674-0150*

5 Jet-Ski

Na Hobie Island Beach *(p. 30)* pode-se alugar esse meio de diversão aquática, ou então vá a Virginia Key para conhecer a Jet Ski Beach, onde existe uma porção de bancas de aluguel.

6 Tênis

Há quadras de sobra em todas as ilhas. *Informação sobre quadras públicas: Miami-Dade County Parks and Recreation Department, 305-755-7800 • Flamingo Tennis Center, 1000 12th St, South Beach*

7 Golfe

O principal motivo para Jackie Gleason *(p. 39)* ter mudado para Miami foi poder jogar golfe o ano inteiro. O Crandon Golf Course é um dos melhores. *6700 Crandon Boulevard, Key Biscayne • Mapa H4 • 305-361-9129*

8 Surfe e Windsurfe

Para windsurfe, as vias marítimas intracosteiras são mais calmas e quase sempre há uma brisa; experimente alugar prancha na Windsurfer Beach, em Virginia Key. Para surfe, as ondas do lado do Atlântico são excelentes – o melhor ponto é na praia da First Street.

9 Empinar Pipa

Atividade bem popular, motivada pelos ventos marítimos constantes. Existe até um espaço para os fãs de pipas na ponta sul do Haulover Park.

10 Exercícios Físicos

O South Pointe Park tem a "Vita Course", um circuito onde você pode admirar a paisagem do porto enquanto se exercita, além de aproveitar o relativo espaço livre, em comparação com a lotação do Lummus Park.

Veja mais sobre atividades esportivas no sul da Flórida nas **pp. 34-5**

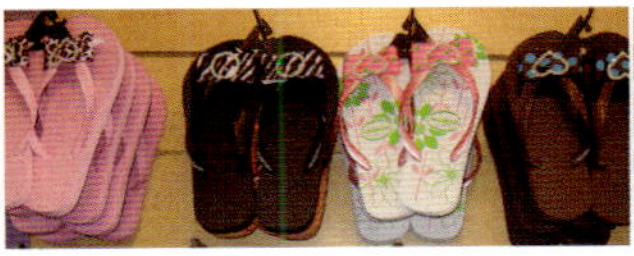 

Heart and Soul; Fritz's Skate Shop

TOP 10 Compras

1 Collins Avenue, 6th Street à 9th Street, South Beach
Esse trecho tem uma porção de butiques finas, de Armani Exchange e Aldo a Kenneth Cole e Vidal Sassoon, além das favoritas de shopping, como Guess, Nine West, MAC e Banana Republic. *Mapa R4*

2 Runway Swimwear, Miami Beach
Garanta o visual na praia com a última moda masculina e feminina dessa loja. *645 Lincoln Road • Mapa R2*

3 Webster
A loja vende moda masculina e feminina de grifes famosas e tem até restaurante, o Caviar Kaspia, que oferece cestas gourmet para presente. *1220 Collins Ave, Miami Beach • Mapa S3 • 305-674-7899*

4 Art Deco District Welcome Center
Uma mina do kitsch déco para levar para casa. Há de tudo, de saleiros e pimenteiros bregas a réplicas de luminárias realmente boas. *1001 Ocean Drive, South Beach • Mapa S4*

5 Anthropologie, Miami Beach
Alta-costura chique dentro do Lincoln Road Mall. Conjuntos completos, de roupas sociais a saias e jaquetas. E ainda linha completa de acessórios, como calçados, bolsas e bijuteria. *1108 Lincoln Road • Mapa Q2*

6 Lids, Miami Beach
Com ampla variedade de roupas esportivas, moda e chapéus de formatura, a Lids é um lugar ótimo para encontrar presentes que não ocupam muito espaço na mala. *521 Lincoln Road • Mapa R2*

7 Books and Books, Miami Beach
Ache o livro perfeito para ler enquanto se bronzeia. Tem até café que serve comida pan-americana. *927 Lincoln Road • Mapa R2*

8 Fritz's Skate Shop
Compre ou alugue patins e ganhe aulas (sábado de manhã). Também há pranchas de surfe. *1620 Washington Ave • Mapa R2*

9 Heart and Soul, Miami Beach
Loja eclética e criativa que vende bijuteria contemporânea masculina e feminina, além de relógios e outros itens exclusivos para presente. Você também encontra uma ampla variedade de acessórios para casa e escritório. *411 Española Way • Mapa R2*

10 Key Biscayne
O Square Shopping Center, no nº 260 do Crandon Boulevard, e outros estabelecimentos nas redondezas são tudo o que você vai encontrar de comércio em Key Biscayne. Entre eles estão algumas galerias de arte, lojinhas de roupas e a mistura costumeira de bancos, lojas de rede e consultórios de dentista. *Mapa H4*

Miami Beach também tem mercados na Española Way e na Lincoln Road; veja **p. 57**

Score; Twist

TOP 10 Lugares para Gays e Lésbicas

1 Twist
Maior casa de SoBe para gays, com sete bares em um, tem alguma atração toda noite. Happy hour todo dia, 13h-21h. *1057 Washington Ave, South Beach • Mapa R4 • 305-538-9478 • www.twistsobe.com • 13h-5h diariam*

2 Creme Lounge
Boate com uma noite de lésbicas aos sábados, música latina às terças, a diversão "Creme & Sugar" às quintas e festa de hip-hop às sextas. *725 Lincoln Lane, South Beach • Mapa R2 • 305-535-1163*

3 Club Sugar
A noite de quinta é de travestis; a de sexta, das senhoritas; a de sábado, latina; e a de domingo, de cabaré – faça a opção. Duas pistas de dança dão ampla chance de socialização. *2301 SW 32nd Ave • Mapa G3 • 305-443-7657 • www.clubsugarmiami.com*

4 Buck 15 Lounge
Salão íntimo no estilo de Nova York. As noites de quinta são mais agitadas, pois atraem uma multidão jovem, divertida e elegante. *707 Lincoln Lane, South Beach • Mapa R2 • 305-538-3815*

5 Rouge Lounge
O ambiente convidativo e cheio de ação – de números burlescos a noites ruidosas com travestis – atrai uma multidão ao Rouge Lounge. Cardápio e serviço excelentes. *912 71st St, Miami Beach • Mapa H3 • 305-865-5955*

6 Score
Melhor mescla de bar gay com danceteria de SoBe, o Score põe lado a lado um salão enorme e um café de calçada. Fica na Lincoln Road, no coração de South Beach. *727 Lincoln Rd, South Beach • Mapa R2 • 305-535-1111*

7 Balans
Esse imigrante londrino é um constante favorito da comunidade gay. Dispõe de cardápio internacional (inclusive o exclusivo club sandwich de lagosta), com um toque do estilo britânico *(p. 79)*.

8 Palace Bar and Grill
O ex-Studio serve comida caseira, é santuário de artistas e também um bar, no epicentro da vida gay na praia. *12th & Ocean, South Beach • Mapa S3 • 305-531-7234*

9 Mova Lounge
Esse confortável salão contemporâneo para gays, onde é proibido fumar, tem iluminação perfeita e toca música baixo. Todo dia, a happy hour vai das 15h às 20h, e domingo à tarde há especiais de bloody mary. *1625 Michigan Ave, Miami Beach • Mapa Q2 • 305-534-8181 • www.movalounge.com*

10 Boy Bar
Essa casa noturna atrai uma clientela mista que aprecia o clima descontraído e amistoso. Há happy hour todo dia (17h-21h). Churrasco ao ar livre aos domingos. *1220 Normandy Dr, Miami Beach • Mapa H2*

Veja mais sobre estabelecimentos para gays e lésbicas em outros lugares do sul da Flórida nas **pp. 52-3**

Cameo; Mynt; Mansion

TOP 10 Vida Noturna

1 Jazid
Essa é uma opção mais recatada, onde se ouve jazz e blues à luz de velas. ⊗ *1342 Washington Ave, South Beach • Mapa R3 • 305-673-9372*

2 Cameo
Instalado no antigo cinema Cameo, esse lugar emprega ilusionismo para dar a sensação de que se flutua num mundo onírico surrealista. ⊗ *1445 Washington Ave, South Beach • Mapa S3 • 786-235-5800 • www.cameomiami.com*

3 Nikki Beach Miami
De bom custo-benefício, essa casa noturna tem vários bares e pistas de dança. No andar térreo está a Nikki Beach, com uma atmosfera festiva sem interrupção. No andar de cima encontra-se o exclusivo Club 01. ⊗ *1 Ocean Dr, South Beach • Mapa R5 • 305-538-1111*

4 Bongos Cuban Café
Essa casa agitada, inaugurada por Gloria Estefan, em geral tem dançarinos profissionais na pista para animar o pessoal. Também serve comida latina, como frango, porco e banana frita. ⊗ *601 Biscayne Blvd • Mapa P1 • 786-777-2100*

5 SET
Mesmo que você não fique na sala VIP, a noitada nessa boate deslumbrante certamente será inesquecível. ⊗ *320 Lincoln Rd, Miami Beach • Mapa S2 • 305-531-2800*

6 Mynt
Vá, ainda que seja só para experimentar uma ou duas bebidas do cardápio de coquetéis. Essa casa noturna sofisticada e estilosa é para o pessoal descolado de South Beach. ⊗ *1921 Collins Ave, Miami Beach • Mapa S2 • 305-532-0727*

7 Mansion
Feito para ser cinema, esse prédio art déco abriga uma das boates mais badaladas de South Beach. Tem quatro salas: VIP, hip-hop, house e música progressiva. ⊗ *1235 Washington Ave, Miami Beach • Mapa R3 • 305-531-5535*

8 Tantra Restaurant and Lounge
O Tantra satisfaz todos os sentidos, com um interior esplêndido – piso de grama natural, parede de água, "céu" de fibra óptica e arte erótica. Usufrua a comida, as bebidas afrodisíacas e a música new age. ⊗ *1445 Pennsylvania Ave, Miami Beach • Mapa R3 • 305-672-4765*

9 LIV
Celebridades e moradores frequentam essa enorme danceteria no Fontainebleau Hilton. Muita energia. ⊗ *4441 Collins Ave, Miami Beach • Mapa H3 • 305-538-2000*

10 Sky Bar
Esse lugar oferece quatro áreas diferentes, coquetéis ousados e uma variedade incrível de convidados especiais. Lota no domingo à noite. ⊗ *1901 Collins Ave, Miami Beach • Mapa S2 • 305-695-3100*

Veja mais sobre a famosa vida noturna de Miami nas **pp. 58-9**

Van Dyke Café; La Marea at the Tides

TOP 10 Cafés na Calçada

1 News Café

Aberto 24h na Ocean Drive, é espaçoso e agitado. Ideal para um drinque, petiscos ou refeição e para ver gente *(p. 8)*. *800 Ocean Drive, com 8th St • Mapa S4 • $*

2 Mango's Tropical Café

Sempre alegre, com música animada e enorme cardápio floribenho. A ação se espalha para fora. *900 Ocean Drive, com 9th St • Mapa S4 • $$*

3 Clevelander

Diante da praia e na calçada, sempre há algo rolando: ouça música ao vivo, peça uma comida ou apenas relaxe e veja o movimento. *1020 Ocean Drive, South Beach • Mapa S4 • $*

4 Van Dyke

No centro do Lincoln Road Mall, lugar privilegiado para ver o desfile urbano. Bom local para café da manhã ou almoço. Jazz ao vivo no primeiro andar. *846 Lincoln Rd, South Beach • Mapa R2 • $*

5 Nexxt Café

Localizado bem no meio da rua comercial mais frequentada, o Nexxt tem cardápio extenso e serve porções grandes o tempo todo. Sente-se do lado de fora para ver o movimento. *700 Lincoln Rd, South Beach • Mapa R2 • 305-532-6643 • $$*

6 Pelican Café

Pegue um lugar no pátio ao ar livre e aproveite, como Cameron Diaz, Antonio Banderas e Johnny Depp já fizeram, admirando-se com o desfile de SoBe e desfrutando a comida de estilo mediterrâneo. *826 Ocean Drive, South Beach • Mapa S4 • $$*

7 TiramesU

Vá comer a melhor comida italiana na Lincoln Road nesse popular café ao ar livre. A happy hour é das 17h às 19h. *721 Lincoln Rd, Miami Beach • Mapa R2 • 305-532-4538 • $$*

8 Larios on the Beach

Cocina cubana preparada no estilo de SoBe, nesse lugar que tem como coproprietária a famosa cantora Gloria Estefan. Prove os petiscos de entrada e alguns mojitos (um drinque delicioso à base de rum com folhas de hortelã). *820 Ocean Drive, South Beach • Mapa S4 • $$*

9 La Marea at the Tides

Restaurante ao ar livre bastante chique. Sente-se no mesmo lugar onde já estiveram celebridades e aproveite o cardápio de inspiração internacional e os variados coquetéis. *1220 Ocean Drive, South Beach • Mapa S3 • $$*

10 Wet Willie's

Com nomes como Call-A-Cab, as bebidas fortes com gelo desse bar atraem jovens barulhentos após a praia. Há petiscos, como a saborosa lula frita, para acompanhar. *760 Ocean Drive, South Beach • Mapa S4 • $$*

Os restaurantes têm acesso para deficientes, aceitam cartões de crédito e servem pratos vegetarianos, exceto quando há indicação do contrário

Categorias de Preço

Refeição para uma pessoa com três pratos, meia garrafa de vinho, impostos e serviço.		
	$	até US$20
	$$	US$20-40
	$$$	US$40-55
	$$$$	US$55-80
	$$$$$	acima de US$80

Escopazzo; Tap Tap

TOP 10 Restaurantes

1 Casa Tua
Como mansão europeia, o Casa Tua tem clima romântico e íntimo. Serve a deliciosa culinária do norte da Itália, inclusive risotos e massas recheadas. Para uma ocasião especial, reserve a mesa do chef, onde se sentam vinte pessoas. *1700 James Ave, Miami Beach • Mapa S2 • 305-673-1010 • $$$$*

2 Tap Tap
Pratos haitianos mesmo, alguns "quentes" de malagueta. Prove o molusco grelhado com mandioca ou o camarão ao molho, e sorvete de manga na sobremesa *(p. 60)*. *819 5th Street, South Beach • Mapa R5 • 305-672-2898 • $$*

3 Fratelli la Bufala
A melhor pizza da cidade é servida nesse restaurante italiano de South Beach com forno a lenha. *437 Washington Ave, Miami Beach • Mapa R5 • 305-532-0700 • $$*

4 Joe's Stone Crab
Longa espera para comer o delicioso caranguejo-da-pedra. Também há peixe (grelhado, ensopado, blackened, frito ou salteado), porco, carneiro e bifes. E a melhor torta de limão-das-keys *(p. 61)*. *11 Washington Ave, South Beach • Mapa R5 • 305-673-0365 • $$$$*

5 Escopazzo
Boa comida italiana. Carpaccio de peixe-espada, pudim de aspargo e risoto fazem sucesso *(p. 60)*. *1311 Washington Ave, South Beach • Mapa S3 • 305-674-9450 • $$$$*

6 Prime 112
É nesse restaurante que a elite de South Beach ataca bifes suculentos. Também frutos do mar excelentes, servidos por garçons com avental de açougue listrado. *112 Ocean Drive, Miami Beach • Mapa R5 • 305-532-8112 • $$$$$*

7 China Grill
Pioneiro da culinária de fusão. Porções para uma família; sabor leve, de composição criativa. Experimente a galinha marinada com saquê. *404 Washington Ave, South Beach • Mapa R5 • 305-534-2211 • $$$$*

8 Yuca
Apelidado de Young Urban Cuban-Americans. Restaurante cubano fino do sul da Flórida – nova culinária latina, diversão ao vivo e decoração elegante. *501 Lincoln Road, Miami Beach • Mapa R2 • 305-532-9822 • $$$$*

9 Barton G – The Restaurant
O exuberante jardim de orquídeas é um ótimo local para uma noite romântica sob as estrelas. A comida americana neoclássica faz sucesso com os moradores. *1427 West Ave, Miami Beach • Mapa Q3 • 305-672-8881 • $$$$*

10 Balans
Mistura eclética de influências asiáticas e mediterrâneas, esse café londrino chique é popular, ruidoso e símbolo de SoBe. Ótimo para um brunch no domingo. *1022 Lincoln Road, South Beach • Mapa R2 • 305-534-9191 • $$$*

Nas páginas seguintes, **as cores vivas de um posto de patrulha de praia art déco em South Beach**

Mosaico na cúpula da Gesu Church; Bayside Marketplace

Centro e Little Havana

UM POUCO DECAÍDA, *essa parte de Miami é terra estrangeira para a maioria dos americanos, mas, se você quer fazer uma adaptação cultural, é um lugar fascinante. Tudo começou ao longo do rio Miami, no final do século XIX, mas foi necessário esperar a chegada dos exilados cubanos, na década de 1950, para a cidade ganhar importância mundial. Nessas ruas rudes, você verá que o afluxo de estrangeiros para o Sul precisa diminuir e que Miami fica mais latina a cada dia.*

Azulejos, Little Havana

TOP 10 Destaques

1. Miami-Dade Cultural Center
2. Freedom Tower
3. US Federal Courthouse
4. Bayside Marketplace e Bayfront Park
5. Bank of America Tower
6. Gusman Center for the Performing Arts
7. Flagler Street
8. Gesu Church
9. Ingraham Building
10. Calle Ocho e Arredores

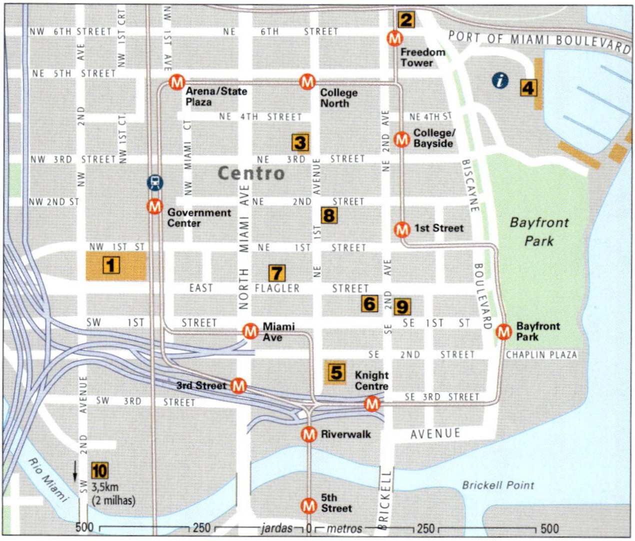

Miami-Dade Cultural Center

1 Miami-Dade Cultural Center

Projetado pelo célebre arquiteto americano Philip Johnson em 1982, esse conjunto de estilo mediterrâneo ao redor de uma praça de lajotas abriga o Miami Art Museu *(p. 42)*, o History Miami *(pp. 42-3)* e a Main Public Library, que tem 4 milhões de volumes. *101 West Flagler St, Centro • Mapa M2 • Biblioteca 9h-18h seg-sáb (até 21h qui), 13h-17h dom*

2 Freedom Tower

Esse marco do centro da cidade foi construído em 1925 no estilo do Renascimento Mediterrâneo, inspirado pela Giralda, um campanário de 800 anos em Sevilha, Espanha. Inicialmente sede do extinto *Miami Daily News*, mudou de função e de nome nos anos 1960, quando se tornou centro de triagem de mais de 500 mil cubanos que fugiam de Fidel Castro. Foi restaurado em 1988 para a criação de um museu cubano, que está instalado no saguão do prédio. *600 Biscayne Blvd, Centro • Mapa N1*

Freedom Tower

3 US Federal Courthouse

Nesse imponente edifício neoclássico, concluído em 1931, têm-se realizado julgamentos importantes, como o de Manuel Noriega, ex-presidente panamenho, em 1990. Também fica nesse prédio a cela espartana em que ele aguardou o julgamento por tráfico internacional de drogas. A principal atração é o mural no primeiro andar, intitulado *A lei conduz o progresso da Flórida*, feito por Denman Fink, famoso por sua obra em Coral Gables. Retrata a evolução da Flórida, de rincão tropical para um dos mais prósperos estados dos EUA. *301 North Miami Ave, Centro • Mapa N1 • 8h-17h seg-sex, fechado feriados e durante julgamentos importantes*

4 Bayside Marketplace e Bayfront Park

Abraçando a Miamarina, esse complexo de compras e entretenimento é mesmo divertido e a maior atração do centro da cidade. Ecoa não só South Beach, mas também La Vida Loca, muitas vezes com bandas de salsa tocando ao vivo na esplanada. As lojas – como Guess, Victoria's Secret, Structure e Foot Locker – e 30 locais de alimentação (de sorvete a paella) compõem um lugar atraente. Ao sul, o Bayfront Park, projetado por Isamu Noguchi, é enorme e consegue proporcionar um descanso agradável, com vegetação, água, monumentos, esculturas e lindos panoramas. *401 Biscayne Blvd com 4th St, Centro • Mapa P1-2 • www.baysidemarketplace.com • 10h-22h seg-qui, 10h-23h sex e sáb, 11h-21h dom*

Bank of America Tower; Ingraham Building

5 Bank of America Tower

O mais impressionante arranha-céu da cidade é criação do arquiteto I. M. Pei, talvez mais conhecido pela pirâmide de vidro diante do Louvre, em Paris. Essa construção é notável de dia, por causa das faixas horizontais da Op Art que cruzam os semicilindros escalonados, e à noite, pela sofisticada mudança de cores na iluminação. Erigido em 1983, o prédio de escritórios chamava-se Centrust Tower, mas hoje leva o nome do ocupante principal.

International Place, 100 SE 1st St, Centro • Mapa N2

6 Gusman Center for the Performing Arts

Construído em 1926, esse teatro com interior mourisco de decoração fabulosa está instalado no Olympia Building, também pitoresco e enfeitado. Foi inaugurado como teatro de vaudevile, onde Rudy Vallee se apresentava e Elvis Presley fez alguns shows. O salão lembra um palácio das mil e uma noites, com torretas, torres, colunas intricadas e uma lua crescente com estrelas no teto. Compre um ingresso para qualquer coisa só para conhecê-lo.

174 E Flagler St, com SE 1st Ave, Centro • Mapa N2 • Bilheteria 305-372-0925

Gusman Center

Portal da América Latina

Dois terços da população de Miami tem origem hispânica. Pegue o *Miami Herald* para ver que as notícias de Caracas, Bogotá, Manágua e, acima de tudo, Havana ganham mais destaque. Todas essas conexões, por bem ou por mal, fizeram de Miami o pilar dos EUA nos negócios com a América Latina.

7 Flagler Street

A Flagler é a rua principal do centro de Miami – barulhenta, agitada, movimentada e cheia de lojinhas e camelôs. Entre na Galería International Mall (243 East Flagler Street com SE 2nd Avenue) para comer petiscos típicos saborosos. Na quadra seguinte está o elegante Gusman Center. Na East Flagler Street com a NE 2nd Avenue, procure o edifício Alfred I. DuPont (1937-39), um louvor à Art Déco no estilo Depression Moderne. *Mapa N2*

8 Gesu Church

Essa construção do Renascimento Mediterrâneo, de estilo colonial espanhol (erigida em 1922), é a mais antiga igreja católica de Miami. Há dezenas de missas na semana, em inglês e espanhol. A igreja é conhecida pelos vitrais, feitos

Gesu Church

em Munique, Alemanha. O mural no teto foi restaurado por um refugiado nicaraguense no final dos anos 1980. *118 NE 2nd St, Centro • Mapa N1 • 305-379-1424*

9 Ingraham Building

Finalizado em 1926, é uma espécie de obra neorrenascentista: os doze andares do prédio são recobertos de calcário de Indiana e o telhado, de telhas espanholas. O interior é opulento, com decoração luxuosa de folhas de ouro no teto e a insígnia do prédio, de latão fundido. As luminárias do saguão, a caixa de correio e a placa dos escritórios são originais. No elevador há cenas da vida animal na Flórida feitas com ouro. *25 SE 2nd Ave, com Em Flagler St, Centro • Mapa N2*

10 Calle Ocho e Arredores

Um pedaço da cultura cubana, temperado generosamente com todo tipo de influência hispânica e caribenha. Desde a revolução comunista de Fidel Castro em Cuba, Miami tornou-se cada vez mais cubanizada com sucessivas ondas migratórias vindas da ilha, que os exilados ainda encaram como sua pátria *(pp. 14-5)*.

Um Passeio pela Calle Ocho

Meio da Manhã

Se gostar de charuto, a primeira parada é **El Crédito** *(pp. 14 e 88)*, na SW 11th Ave. Poucas portas adiante está a **Botánica El Aguila Vidente** *(p. 88)*. Passe os olhos pela profusão de coisas, sobretudo as pitorescas estátuas de gesso.

A seguir, pare na SW 13th Avenue, na **Brigade 2506 Memorial Eternal Flame** *(p. 14)*, para homenagear os cubanos mortos na baía dos Porcos. Depois, dê uma olhada na deliciosa quitanda no nº 1.334, **Los Pinareños Fruteria** *(p. 88)*.

Na esquina da SW 15th Ave, entre no **Domino Park** *(p. 14)*, onde se desenrola pelo menos uma partida a todo momento. E agora é chegada a hora de um café ou um lanche no maravilhoso **Exquisito** *(p. 89)*. Tente conseguir uma das mesas de cores vivas do lado de fora.

Fim da Manhã

Continue até o nº 1.652, na quadra seguinte, a fim de admirar a empolgante arte latino-americana na **Agustín Gaínza Gallery** *(p. 88)*, onde talvez você conheça o artista em pessoa.

Depois disso, deixe-se levar para ir fazendo suas próprias descobertas, mas aprecie a extravagante entrada da **Casa de los Trucos** *(p. 88)*, no nº 1.343 – e, quando for hora de almoçar, vá ao **La Carreta I** *(p. 89)*, no lado sul da Calle Ocho. Aproveite a boa comida cubana por preços razoáveis.

Veja os destaques de Little Havana nas **pp. 14-5**

Teatro latino, Calle Ocho; Metromover

TOP 10 Passeios e Mirantes

1 Bayside Marketplace
Junto à impressionante American Airlines Arena, esse complexo parece um parque temático da Disney e um bazar internacional. Diante do mar, é sempre atraente para caminhar *(p. 83)*.

2 Flagler Street
Um passeio a pé pelo centro de Miami faz lembrar uma feira latino-americana – pitoresca, impetuosa, desleixada. Nada seguro à noite *(p. 84)*.

3 Passeio na Calle Ocho
O trecho entre as avenidas 11th e 17th é excelente para caminhar. Você encontra lojas latinas e experimenta vários quitutes cubanos no caminho *(p. 85)*.

4 Passeio Arquitetônico
Os edifícios destacados nas pp. 83-5 sucedem-se por seis quadras nas avenidas NE-SE 1st e 2nd. Outro prédio que vale espiar é o neoclássico Miami-Dade County Courthouse, a três quadras daquele local. Veja os mosaicos no teto do impressionante saguão. *Mapa N1-2*

5 Passeio de Carro por Little Havana
O melhor modo de perceber o clima geral e a extensão de Little Havana é sair de carro, desde o José Martí Park, a oeste, até perto da 34th Avenue, no leste, onde se localizam o Woodlawn Cemetery e o Versailles Restaurant *(p. 15)*.

6 Paisagens do Centro
Das vias expressas você tem as melhores vistas do Centro. Ao cruzar a MacArthur Causeway vindo de South Beach, divisam-se panoramas deslumbrantes, ainda mais à noite. A melhor vista da silhueta da cidade é da Rickenbacker Causeway. *Mapas P1 e M6*

7 Viagem no Metromover
O Metromover consiste em duas alças elevadas ao redor do Centro – o que dá uma ótima visão geral da região *(p. 137)*.

8 Café na Calle Ocho
A Exquisito Cafetería *(p. 89)* é a melhor da rua e um lugar excelente para ouvir música e acompanhar a fascinante vida urbana ao redor.

9 Caminhada pelo José Martí Park
Esse parque pequeno e charmoso ao lado do rio Miami é embelezado por colunatas e pavilhões, grupos de postes de iluminação no estilo espanhol, palmeiras e um excelente playground. *Mapa M2*

10 Passeio no Bayfront Park
Junto à bela Biscayne Bay, Isamu Noguchi projetou esse parque para ser "uma cunha artística no coração do Novo Mundo". Além das esculturas do artista, você vê vegetação exuberante, uma prainha de areia, um jardim de pedras tropicais, chafarizes, palmeiras e oliveiras. *Mapa P1-2*

Los Ranchos of Bayside; Gusman Center

TOP 10 Espaços de Arte Latinos

1 Teatro de Bellas Artes
Esse prédio na Calle Ocho apresenta oito peças e musicais em espanhol por ano. A maioria é na língua original, mas há versões, como a de *Um bonde chamado desejo*, de Tennessee Williams. *2173 SW 8th St • Mapa G3 • 305-325-0515*

2 Gomez Mulet Gallery
Essa galeria no Wynwood Art District (ex-La Boheme Fine Art Gallery) exibe boas obras de arte latino-americanas desde 1963. *149 NW 36th St • Mapa N3 • 786-210-1625*

3 Cultura del Lobo
A série Performance apresenta música, dança, cinema e artes visuais, com ênfase em obras contemporâneas e solistas de teatro. *Miami-Dade Community College, Wolfson Campus 300 NE 2nd Ave, com NE 3rd St • Mapa N1*

4 Teatro Ocho
Sede do Hispanic Theater Guild. Seus diretores procuram escolher peças temáticas que consigam promover a renovação na comunidade cubana. *2101 SW 8th St • Mapa G3*

5 Miami Art Museum
Esse museu possui uma coleção permanente de arte cubana. Wifredo Lam, artista cubano moderno, está representado nessa seção juntamente com outros patrícios. *101 W Flagler St, Miami • Mapa L2 • 305-375-3000*

6 Casa Juancho
Esse restaurante situado em Little Havana serve uma culinária premiada, além de excelentes espetáculos em espanhol, piano bar, violonistas ambulantes e um belo show de flamenco. *2436 SW 8th Ave, Little Havana • Mapa L2 • 305-642-2452*

7 Manuel Artime Theater
O prédio de uma antiga igreja batista foi transformado em teatro moderníssimo de 800 lugares, sede do Miami Hispanic Ballet, que realiza todo ano o International Ballet Festival. *900 SW First St • Mapa L2 • 305-575-5057*

8 Gusman Center for the Performing Arts
Esse espaço importante no Centro *(p. 84)* costuma apresentar espetáculos latino-americanos de todo tipo, inclusive filmes, no Festival de Cinema de Miami.

9 Los Ranchos of Bayside
Situado no Bayside Marketplace, esse restaurante informal tem cozinha latina e churrascos à americana. Também proporciona diversões latinas. *401 Biscayne Blvd • Mapa P1 • 305-375-8188*

10 Casa Panza
Ótimas apresentações de flamenco em várias noites da semana nesse autêntico restaurante espanhol, que se localiza bem no coração cubano da Calle Ocho *(p. 89)*.

Veja os principais locais de arte de Miami nas **pp. 38-9**

Botánica El Aguila Vidente; Agustín Gaínza Gallery; Los Pinareños Fruteria

TOP 10 Compras Latino-Cubanas

1 Botánica El Aguila Vidente
Essa é a mais evocativa e misteriosa das *botánicas* no trecho principal da Calle Ocho *(pp. 15 e 48)*.

2 Agustín Gaínza Gallery
A galeria, que leva o nome de um consagrado artista cubano, exibe as obras dele e de outros artistas cubanos e latino-americanos contemporâneos. *1652 SW 8th St • Mapa J3 • 305-644-5855*

3 Versailles Bakery
Não dá para ir à Calle Ocho sem comprar algumas delícias da Versailles Bakery. Aplaque a sua vontade de doce com sobremesas apetitosas como flã e cheesecake com café cubano. *3555 SW Eighth St • Mapa G3 • 305-444-0240*

4 El Crédito
Velha fábrica deteriorada, onde se vê o preparo de charutos e se sente o aroma doce do tabaco *(p. 14)*.

5 Los Pinareños Frutería
Deliciosa quitanda com todas as espécies de produtos exóticos caribenhos, como abricó-amarelo e banana-maçã. Há também um ótimo café e um bar de sucos de fruta. *1334 SW 8th St • Mapa K3*

6 La Casa de los Trucos
Se você estiver na cidade na época do Carnaval ou do Halloween, esse é o lugar para comprar a fantasia e os apetrechos. A loja tem enorme sortimento, dos mais previsíveis aos mais bizarros, e preços excelentes, para compra ou aluguel. *1343 SW 8th St • Mapa K3 • 305-858-5029*

7 Havana Shirt
Compre as melhores camisas cubanas e também camisas turísticas de praia nessa loja com grande variedade. Fica no badalado shopping Bayside Marketplace. *401 Biscayne Blvd • Mapa K3 • 305-373-7720*

8 Havana To Go
Se você tem interesse por recordações cubanas, essa é a loja certa. Entre os artigos estão reproduções de arte cubana, listas telefônicas e, claro, charutos. *1442 SW 8th St • Mapa J3 • 305-857-9720*

9 Seybold Building
Esse prédio tem vários andares com bijuteria e relógios, além de atacadistas e varejistas. Os preços são ótimos; com tantas opções, você vai enfrentar alguma dificuldade para decidir o que comprar. *36 NE 1st St • Mapa N2 • 305-374-7922*

10 Sentir Cubano
Procure murais alegres pintados na lateral de um prédio para saber que chegou à loja maluca e pitoresca abarrotada de recordações, livros, presentes e roupas cubanas. *3100 SW 8th St • Mapa G3 • 305-644-8870*

Versailles; El Atlakat

Categorias de Preço

Refeição para uma pessoa com três pratos, meia garrafa de vinho, impostos e serviço.		
	$	até US$20
	$$	US$20-40
	$$$	US$40-55
	$$$$	US$55-80
	$$$$$	acima de US$80

TOP 10 Restaurantes Latino-Cubanos

1 Versailles
Tradição de Little Havana, o Versailles é um restaurante cubano disfarçado de superchique *(pp. 15 e 60)*. *3555 SW 8th St, com SW 35th Ave • Mapa G3 • 305-444-0240 • $$$*

2 Garcia's Seafood Grille & Fish Market
Lanchonete de família com clima acolhedor, mesas no salão e fora, mas com alguma espera. Ótima sopa de garoupa e salada de moluscos. *398 NW North River Dr • Mapa L1 • 305-375-0765 • $$*

3 Exquisito Restaurant
O mais autêntico e acessível na rua, preferido dos moradores. Serve todos os pratos simples cubanos, como miolos fritos e guisado de carne de cavalo, mas também lagosta ou camarão à cajun e costeletas de porco para "los gringos". *1510 SW 8th Street (Calle Ocho), Little Havana • Mapa J3 • 305 643-0227 • $$*

4 El Atlakat
Culinária de El Salvador, em ambiente espaçoso e alegre. Murais agradáveis e um cardápio que pende para galinha e frutos do mar. *3199 SW 8th St • Mapa G3 • 305-649-8000 • $$$*

5 La Carreta I
Restaurante de família bem cubano. A comida por preços razoáveis garante sua popularidade. Abre até tarde. *3632 SW 8th St • Mapa G3 • 305-444-7501 • $$*

6 Casa Panza
Restaurante espanhol pitoresco, famoso pela paella e pelo flamenco autêntico. Salas aconchegantes, com dançarinos várias noites na semana. *1620 SW 8th St • Mapa J3 • 305-643-5343 • $$$*

7 Las Culebrinas
Chegue com fome, porque as porções da autêntica comida cubano-espanhola são grandes. Prove o lombo de porco com purê de banana-da-terra. Serviço amistoso. *4700 W Flagler Street • Mapa G3 • 305-445-2337 • $$*

8 El Crucero
Hospitalidade à antiga, no estilo cubano, e cozinha surpreendente. Os pratos do dia estão na lousa. Não deixe de comer a natilla, creme doce com cobertura caramelizada, um desfecho perfeito para a refeição. *7050 SW 8th St • Mapa F3 • 305-262-1966 • $$*

9 Novecento
Superpopular entre os moradores sofisticados, esse café, restaurante e bar serve sobretudo pratos argentinos com um toque moderno. *1414 Brickell Ave • Mapa N3 • 305-403-0900 • $$$*

10 Guayacan
Acolhedor e modesto, tem comida cubana com sotaque nicaraguense. Prove o pescado a la Tipitapa, um luciano-vermelho inteiro bem frito com molho de cebola e pimentão. *1933 SW 8th St • Mapa J3 • 305-649-2015 • $$$*

Os restaurantes têm acesso para deficientes, aceitam cartões de crédito e servem pratos vegetarianos, exceto quando há indicação do contrário

Butique no Bal Harbour; Design District; Gulfstream Park Race Track

Norte do Centro

AS REGIÕES AO NORTE *de Miami Beach e do Centro são uma sobreposição irreconciliável do espalhamento da cidade e da elegância urbana, das etnias oprimidas e da alta elite. Pouca coisa é realmente pitoresca, embora as praias estejam entre as melhores da região. A maior parte do norte de Miami tem fama de muito pobre – existe uma cor local para descobrir, mas o clima pode ser hostil, e deve-se ter cuidado. Mesmo assim, há algumas das maiores atrações da Grande Miami, inclusive uma das construções mais antigas das Américas, e bons restaurantes.*

Moda no Centro

TOP 10 Destaques

1. Ancient Spanish Monastery
2. Little Haiti
3. Opa-Locka
4. Gulfstream Park
5. Bal Harbour
6. Museum of Contemporary Art
7. Design District
8. Haulover Park and Beach
9. Arch Creek Park and Museum
10. Greynolds Park

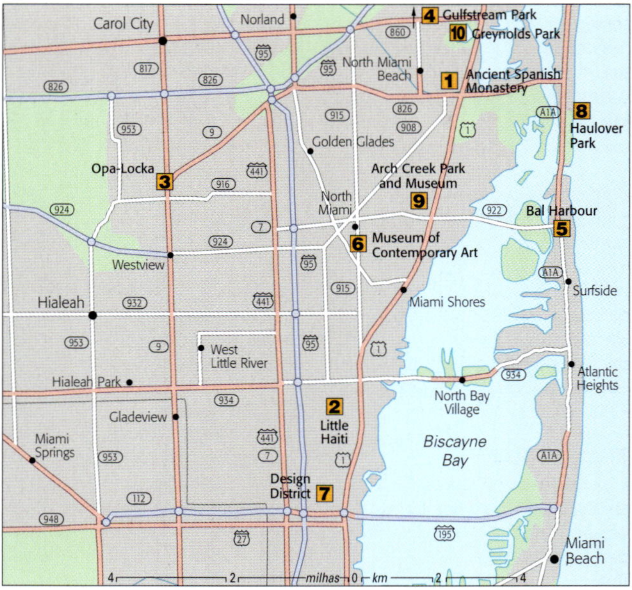

Tenha bastante cuidado ao visitar Opa-Locka e Little Haiti e ao dirigir por Hialeah. Evite Liberty City e Overtown.

Ornamentos de ferro, Ancient Spanish Monastery; Fachada em Little Haiti

1 Ancient Spanish Monastery

Essa é a mais antiga construção da tradição europeia no hemisfério ocidental, erigida na verdade em 1133-41 perto de Segóvia, na Espanha. Em 1925, William Randolph Hearst comprou os magníficos claustros, mandou desmontá-los pedra por pedra e embarcá-los para os EUA. Após muitas tentativas e tribulações, o edifício foi remontado no início dos anos 1950 por US$1,5 milhão. Ligue antes da visita nos fins de semana – o mosteiro fecha para eventos como casamentos *(p. 93)*. *16711 W Dixie Hwy, North Miami Beach • Mapa H1 • 305-945-1461 • www.spanishmonastery.com • 9h30-16h30 seg-sáb, 13h30-17h dom • Entrada paga*

2 Little Haiti

Little Haiti é mais decepcionante do que perigoso, por se ver tanta pobreza tão perto da riqueza. A única tentativa de promover o turismo foi o Caribbean Marketplace. Embora elogiado, seu sucesso é polêmico. *NE 2nd Ave, de cerca da NE 55th à NE 80th • Mapa G2 • Mercado na 5927 NE 2nd Ave*

3 Opa-Locka

Apelidado "Bagdá do Condado de Dade", esse distrito hoje dilapidado foi produto da imaginação de Glenn Curtiss nos anos 1920. Todo rosa, com minaretes, cúpulas lustrosas e arcos de fechadura, o Paço Municipal, restaurado, é o melhor remanescente (mas não se afaste dele). *Esq. NW 27th Ave, com NW 135th St • Mapa G2*

4 Gulfstream Park

Os puros-sangues correm de janeiro a abril, e há páreos transmitidos ao vivo o ano inteiro. O parque também sedia o prestigioso e milionário Florida Derby, realizado todo mês de março. Um cassino e comércio e uma vila de diversão de alta classe funcionam o ano inteiro também. *901 S Federal Hwy, Hallandale Beach • Mapa H1 • 954-454-7000*

Prefeitura, Opa-Locka

Veja dicas de segurança na **p. 139**

Haulover Beach Park, no norte de Bal Harbour

5 Bal Harbour

Nas ilhas de barreira ao norte de Miami Beach há sobretudo áreas residenciais nobres, e Bal Harbour é a mais chique. Com hotéis pomposos e shoppings dos mais estilosos, o bairro tem fama de abrigar mais milionários que qualquer outra cidade dos EUA. Bal Harbour Shops – note a grafia britânica – é um lugar intencionalmente arrogante em ambiente tropical, cujo tom é ditado pelas ricas damas e pela segurança de uniforme neocolonial e chapéu de safári. Em qualquer ponto da 96th Street você vê galerias, mercearias gourmet e uma fartura de consultórios de cirurgia plástica. *Mapa H2*

6 Museum of Contemporary Art

O Moca abriu seu prédio moderníssimo ao público em 1996. É conhecido pelas exposições provocantes e pela busca de um novo enfoque para a arte atual.

Museum of Contemporary Art

Conflito de Classes e Culturas

A Grande Miami é um caldeirão fervente de diversidade cultural. Muitas comunidades negras carentes encontram-se a um pulo de lojas exclusivas. Em outras partes, imigrantes pobres recentes – provenientes de Cuba, do Haiti e de outros países centro-americanos – levam uma vida miserável em moradias apinhadas, numa calamidade urbana que parece não ter fim.

770 NE 125th St • Mapa G2 • 305-893-6211 • www.mocanomi.org • 11h-17h ter, qui-sáb, 13h-21h qua, 12h-17h dom • Entrada paga • Visitas sáb 14h

7 Design District

De início uma plantação de abacaxi, a partir da década de 1920 essa zona passou a se chamar Decorators' Row por causa das lojas de decoração que nela se instalaram. Durante os anos 1980, devido à alta criminalidade, a área enfrentou momentos difíceis, mas a situação começa a melhorar, e as lojas finas de decoração, móveis e acessórios voltaram a predominar. Fotógrafos e artistas também se mudaram para o local, a fim de escapar dos altos aluguéis de South Beach. *Perto da Buena Vista, entre ruas NE 36th-41st, da NE 2nd Ave até a N Miami Ave • Mapa G2*

Design District

8 Haulover Park and Beach

O Haulover Park contém uma das mais lindas praias do sul da Flórida – 2,5km de areia dourada, que atraem gente de toda classe social. Aninhada entre a Intercoastal Waterway e o Atlântico, a praia é ideal para surfar e nadar; nos fins de semana quentes, fica lotada. O parque tem uma marina, restaurante, quadras de tênis, campo de golfe de nove buracos e loja de pipas. *10800 Collins Ave • Mapa H1 • 305-947-3525*

9 Arch Creek Park and Museum

Criado em torno de uma ponte natural de calcário, esse local já fez parte de uma importante rota indígena. O museu-centro natural abriga artefatos deixados pelos nativos. Os guias são naturalistas que mostram aves, animais, insetos e árvores do lugar. *1855 NE 135 St • Mapa G2*

10 Greynolds Park

Reduto à sombra de corredores, golfistas e fãs da natureza, o Greynolds Park tem paisagismo feito com plantas exóticas endêmicas, como mangue, palmeira-real, palmiteiros, capim-dos-pampas, baga-da-praia e pau-de-porco. Também se encontram quadras de vôlei de praia, parquinho para crianças e uma profusão de mesas para piquenique. *17530 W Dixie Hwy • Mapa H1 • Entrada paga nos fins de semana*

Visita ao Ancient Spanish Monastery

Manhã

Do centro de Miami, dirija para o norte pela Highway 1 (também chamada Biscayne Blvd). A via é cheia de lojas – pare na que lhe chamar a atenção. Vire à esquerda na NE 163rd St e à direita na W Dixie Hwy (também NE 22nd Ave). O **Ancient Spanish Monastery** *(p. 91)* está à direita, depois do canal.

É provável que você se impressione ao andar por esse pedaço da Europa medieval em solo dos EUA. Até visitantes europeus que já viram prédios parecidos em seu país ficam maravilhados com o esforço de Hearst em reconstruí-lo.

Para vê-lo melhor, comece pela loja do museu, saia para o pátio, cruze os jardins, os claustros, as salas e a capela, e volte para a loja de presentes.

Entre os detalhes dignos de nota estão uma pia de pássaros do século XII, uma estátua em tamanho natural do rei espanhol Alfonso VII (o mosteiro foi construído em homenagem a uma de suas vitórias contra os mouros) e dois dos três vitrais redondos conhecidos que restaram, também do século XII.

Tarde

Para se manter dentro do tema de inspiração espanhola, coma no **Paquito's Mexican Restaurant** *(p. 95)*, na vizinhança, e, ao voltar, dê uma volta pela NE 2nd Ave para conhecer o pitoresco **Little Haiti** *(p. 91)*.

Addict; L.A. Boudoir Miami

TOP 10 Lojas Incomuns

1 Bagua
Lojinha bacana com roupas, objetos de decoração, presentes e ótimos achados. É tudo feng shui, budista e zen. *4736 NE 2nd Ave • Mapa G2 • 305-757-9857*

2 Rebel
Butique fina que tem de tudo, da moda diária a vestidos de gala. É provável que você encontre algo especial na Rebel. *6669 Biscayne Blvd • Mapa G3 • 305-758-2369*

3 L.A. Boudoir Miami
Obrigatória para todo fã de coisa antiga, essa butique hippie-chique tem roupas retrô para homens, mulheres e crianças, até vestidos de casamento da virada do século XX. É especializada em lingerie à moda antiga. *6900 Biscayne Blvd, 2nd Floor • Mapa G3 • 305-775-8127*

4 Addict
Tênis da moda para toda a família. Nesse local você acha uma grande variedade de tênis raros nem sempre vendidos nos grandes magazines. *Bal Harbour Shops, 9700 Collins Ave • Mapa H2 • 305-864-1099*

5 ArtByGod
Loja mineral e natural impressionante, com fósseis de dinossauro, pedras semipreciosas naturais e trabalhadas, insetos, conchas, borboletas, crânios, animais empalhados e muito mais. *3705 Biscayne Blvd • Mapa G3*

6 Intermix
Roupas para mulheres exigentes, tenham 18 ou 50. Ampla variedade de preços, marcas e acessórios. *Bal Harbour Shops, 9700 Collins Ave • Mapa H2 • 305-993-1232*

7 Rasool Sportswear
Famosa pelos sapatos masculinos de aligátor, a loja também tem roupas para o dia a dia, sociais e camisetas com estampas. *6301 NW 7th Ave, #B • Mapa G3 • 305-759-1250*

8 Mini Oxygene
Grande sortimento de roupas de grife para crianças, como Armani. *Bal Harbour Shops, 9700 Collins Ave • Mapa H2 • 305-868-4499*

9 Jalan Jalan
Os donos mudam constantemente o mostruário dessa loja de decoração para pôr peças de madeira petrificada, vidros belgas e objetos indianos de marfim. *3921 NE 2nd Ave • Mapa G2 • 305-572-9998*

10 The Art of Shaving
Linha de produtos de higiene masculina. Você também pode cortar o cabelo. *Aventura Mall, 19501 Biscayne Blvd, Suite 1527 • Mapa H1*

The Art of Shaving

Red Light

Categorias de Preço

Refeição para uma pessoa com três pratos, meia garrafa de vinho, impostos e serviço.

$	até US$20
$$	US$20-40
$$$	US$40-55
$$$$	US$55-80
$$$$$	acima de US$80

TOP 10 Restaurantes

1 Soyka
Gerido pelo mesmo dono do News Café *(p. 8)*, esse restaurante enorme, com jeito de bistrô, tem cardápio de fusão italianizado. O salmão coberto de gergelim, com espinafre, shitake e molho de soja, é incrivelmente saboroso. ✆ *5556 NE 4th, pátio • Mapa G3 • 305-759-3117 • $$$*

2 P. F. Chang's China Bistro
Esse restaurante moderno e luminoso tem cozinha aberta que serve comida chinesa farta. Prove o carneiro cozido no wok ou camarões com pérolas verdes. ✆ *17455 Biscayne Blvd • Mapa G3 • 305-957-1966 • $$$*

3 Michael's Genuine Food and Drink
O melhor restaurante do Design District de Miami tem um cardápio ímpar. As pizzas do forno a lenha fazem a viagem valer a pena. ✆ *130 NE 40th Street • Mapa G3 • 305-573-5550 • $$$$*

4 Michy's
Nesse local você encontra "comida caseira de luxo", como filé com fritas e sonhos recheados de chocolate. ✆ *6927 Biscayne Blvd • Mapa G2 • 305-759-2001 • $$$$*

5 Hanna's Gourmet Diner
Sopas caseiras, saladas criativas (como tomate com erva-doce e queijo de cabra), steak au poivre e uma inesquecível torta de frutas. ✆ *13951 Biscayne Blvd • Mapa G3 • 305-947-2255 • $$$*

6 Brio Tuscan Grille
Culinária autêntica do norte da Itália é a pedida nesse restaurante, que faz parte de famosa rede nacional. Os clientes podem escolher carne na brasa ou no fogão, costeletas e frutos do mar por preços razoáveis. ✆ *600 Silks Run, Suite 1205, Hallandale Beach • Mapa H1 • 305-362-1600 • $$$*

7 Red Light
Ambiente comum para uma comida fantástica. O cardápio muda constantemente, mas as especialidades, como costela defumada e torta de ostra, estão sempre presentes. ✆ *7700 Biscayne Blvd • Mapa G2 • 305-757-7773 • $$$*

8 Paquito's Mexican Restaurant
Conte com sopa fresca de tortilla, bife à Paquitos salteado em pimenta jalapeño e molho de cebola e um saboroso mole verde. ✆ *16265 Biscayne Blvd • Mapa G3 • 305-947-5027 • $$*

9 Andiamo!
Pizzas deliciosas de forno a lenha com enorme variedade de coberturas, muitas gourmet. ✆ *5600 Biscayne Blvd • Mapa G2 • 305-762-5751 • $$*

10 The Crab House Seafood Restaurant
Tudo que vem do mar, como pernas de siri e ostras. Experimente o bufê de frutos do mar, de preço fixo. ✆ *1551 NE 79th St Causeway • Mapa G3 • 305-868-7085 • $$$*

Os restaurantes têm acesso para deficientes, aceitam cartões de crédito e servem pratos vegetarianos, exceto quando há indicação do contrário

Venetian Pool; Um dos caprichos de Merrick; Lowe Art Museum

Coral Gables e Coconut Grove

JUNTAS, CORAL GABLES E COCONUT GROVE *constituem duas das localidades mais elegantes da Grande Miami. A primeira é, na verdade, uma cidade independente, e a outra, o mais antigo distrito de Miami e sede do Paço Municipal. Coral Gables foi uma das primeiras cidades "planejadas" dos EUA e é consistentemente luxuosa de uma ponta à outra. Coconut Grove constitui um mosaico mais variado, historicamente polo da comunidade boêmia e intelectual de Miami, mas também o lugar da deteriorada "Black Grove", onde descendentes de trabalhadores das Bahamas vivem na miséria.*

Peça da Midori Gallery

TOP 10 Destaques

1. Biltmore Hotel
2. Venetian Pool
3. International Villages
4. Miracle Mile
5. Lowe Art Museum
6. CocoWalk
7. Vizcaya Museum and Gardens
8. Barnacle Historic State Park
9. Peacock Park
10. Dinner Key

Nas páginas anteriores, **Vizcaya Museum and Gardens**

Biltmore Hotel

1 Biltmore Hotel

George Merrick foi um dos visionários que transformaram a Flórida no que ela é. Esse hotel suntuoso constitui uma evidência do seu gosto e ideias grandiloquentes. Pilares hercúleos alinham-se no enorme saguão, e do terraço consegue-se mirar a maior piscina de hotel do país. Johnny Weissmuller, o primeiro Tarzan do cinema, costumava dar aulas de natação no hotel, que hospedou gente como Al Capone, Judy Garland e o duque e a duquesa de Windsor. Visitas semanais ao hotel e ao terreno partem da recepção *(pp. 18 e 146)*. *Mapa F3*

2 Venetian Pool

Uma das mais evocativas criações de Merrick em sua visão exótica de Coral Gables. A piscina é alimentada por nascentes e foi o local de ao menos um filme estrelado por Esther Williams, a beldade do balé aquático nos anos 1940 *(pp. 18-9 e 64)*. *Mapa G3*

3 International Villages

Os fantásticos arroubos arquitetônicos de Merrick dão uma nota de classe à linda e chique Coral Gables. Todas são casas particulares, mas você pode passar por elas e apreciar esse charme incomum *(pp. 18-9)*. *Mapa G4*

4 Miracle Mile

Em 1940, um construtor alardeou a principal rua comercial da cidade como Miracle Mile (uma milha se você subir por um lado e descer pelo outro). Toldos coloridos adornam as lojas, tão afetadas quanto a clientela. Os prédios notáveis estão no nº 169, o Colonnade Building, de Merrick, com linda rotunda, enorme salão de baile, fonte espanhola e colunas coríntias; e adiante, perto da Salzedo Street com a Aragon Avenue, a Old Police and Fire Station (1939), com esculturas de bombeiros de queixo quadrado. *Coral Way, entre Douglas e Le Jeune • Mapa F-G3*

5 Lowe Art Museum

O melhor museu de arte da Grande Miami ostenta coleções dos mundos antigo e moderno *(pp. 20-1)*. *Mapa F3*

Fachada, International Villages; Colonnade Building, Miracle Mile

Veja mais sobre as construções fabulosas de George Merrick em Coral Gables nas **pp. 18-9**

Shopping CocoWalk; Vizcaya Museum and Gardens

6 CocoWalk

Esse centro comercial compacto, de dois andares, é o coração de Coconut Grove Village. Tem boas lojas, restaurantes e diversão, e o clima de uma vila. As pessoas matam o tempo, passeando de patins ou bicicleta, trocando olhares. No meio de tudo costuma haver música ao vivo. A atração principal à noite talvez sejam as salas de cinema. *3015 Grand Avenue • Mapa G3 • www.cocowalk.com*

7 Vizcaya Museum and Gardens

Não deixe de ver esse lugar histórico e lindo, ícone da vida cultural da cidade *(pp. 16-7)*. *Mapa G3*

8 Barnacle Historic State Park

Escondida da rodovia por um bosque elevado, essa é a mais antiga moradia do condado de Dade. Foi desenhada e construída em 1891 pelo comodoro Ralph Munroe, que ganhava a vida como construtor de barcos e resgatador de naufrágios. Na verdade, a madeira das embarcações naufragadas foi utilizada na construção da casa, feita de modo que o ar circulasse, o que era muito importante antes da invenção do ar-condicionado. Os cômodos estão repletos de objetos de família, ferramentas e belos aparelhos antigos. *3485 Main Highway, Coconut Grove • Mapa G3 • 305-442-6866 • www.floridastateparks.org • 9h-17h sex-seg; com agendamento ter, qua, qui • Fechado feriados nacionais • Visitas de 1 hora às 10h e 11h30, 13h e 14h30 • Entrada paga*

Barnacle Historic State Park

Planos Grandiosos em Grove e Gables

A região chamada Coconut Grove foi a primeira a ser ocupada em Miami. Após a Guerra de Secessão, em 1868, Edmund Beasley recorreu à Lei da Propriedade Rural de 1862 para reivindicar 65ha de terras na região, que seriam seus gratuitamente se conseguisse cultivá-los e melhorá-los por cinco anos, o que ele fez. Só o gênio de George Merrick seria capaz, cerca de 60 anos depois, de planejar uma cidade ideal inteira – Coral Gables *(pp. 18-9)*.

9 Peacock Park

Na década de 1960, era nesse local que os hippies de Grove se agrupavam, e hoje, nos fins de semana e quando há um festejo, um pouco da velha magia ressuscita temporariamente. O parque leva o nome de Charles e Isabella Peacock, que construíram o primeiro hotel da região, o Peacock Inn. Na época, o hotel era o único entre Palm Beach e Key West. Atualmente, o parque é usado na maior parte para beisebol, e há também um prédio rústico da Câmara de Comércio. *2820 MacFarlane Ave, com Bayshore Drive, Coconut Grove • Mapa G3*

10 Dinner Key

O nome "Ilha do Jantar" vem do tempo em que os colonos faziam piquenique nesse local. Nos anos 1930, a Pan American Airways transformou Dinner Key na mais movimentada base de hidroaviões dos EUA. Foi também de onde partiu a malfadada volta ao mundo de Amelia Earhart, em 1937. Ainda se vê o elegante terminal da companhia, no estilo Streamline Moderne, o qual abriga o Paço Municipal de Miami. Os hangares em que os hidroaviões eram guardados hoje servem de atracadouros, em sua maioria. A marina é a mais chique de Miami e vale uma visita. Caminhe por lá e dê uma examinada nos muitos iates luxuosos ancorados. *5 Bayshore Drive • Mapa G3*

Dinner Key

Passeio na Coconut Grove Village

Manhã

É melhor fazer esse passeio entre sexta e segunda, porque ele começa por uma visita ao **Barnacle Historic State Park**. Tente pegar a excursão das 10h e note o telhado que dá nome à casa (craca, *barnacle*).

Na saída, vire à esquerda e desça para a esquina da Devon Road para ver a **Plymouth Congregational Church** *(p. 47)*, no estilo Missão, de 1916. Se estiver aberta, espie o jardim do quintal.

Volte várias quadras pela Main Highway até o nº 3.500, a **Coconut Grove Playhouse**. Embora não seja usada, é uma bela construção do Renascimento Mediterrâneo que se destaca na esquina da Charles Avenue. Continue pela Main Highway até a rua seguinte e pare para almoçar e ver gente no **Green Street Café** *(p. 102)*, sempre cheio.

Tarde

Depois de almoçar, ande até a Commodore Plaza para visitar a **Midori Gallery** *(p. 104)*. Em seguida, prossiga para a Grand Avenue e vire à direita; desça algumas quadras até um grande cruzamento e atravesse a rua para chegar à meca do consumo, o **CocoWalk** *(p. 102)*.

Na próxima quadra, Rice Street, olhe para cima e admire a elaborada fachada do shopping **The Streets of Mayfair** *(p. 104)*. Para encerrar o passeio, tome um lanche na **Johnny Rockets** *(p. 102)*, dos anos 1950, em meio a toda a agitação.

Entrada do CocoWalk; Johnny Rockets

TOP 10 Lugares e Eventos Especiais

1 Books and Books
Uma das melhores livrarias da Grande Miami, junto a belas arcadas *(p. 104)*.

2 CocoWalk
Centro comercial e de diversão no centro de Coconut Grove – sempre há algo ou alguém para atrair a atenção *(p. 100)*.

3 Johnny Rockets
Essa lanchonete estilo anos 50, em frente ao CocoWalk, está sempre movimentada. Peça hambúguer com fritas e veja o movimento de Grove. *3036 Grand, esquina da Main Hwy, Coconut Grove • Mapa G3*

4 Green Street Café
Quase sempre cheio, esse café de esquina é outro ótimo lugar para ver gente em Grove. *3110 Commodore Plaza, Coconut Grove • Mapa G3 • 305-444-0244*

5 King Mango Strut
Ousada tradição local que determina os eventos e as celebridades do ano e remonta ao tempo em que Grove era um reduto de intelectuais e excêntricos. O auge da festa é um show de música e dança no Peacock Park. *Última semana de dez • Começa na Main Hwy e Commodore Plaza, Coconut Grove • Mapa G3*

6 Coconut Grove Arts Festival
Talvez o melhor festejo da Grande Miami, atrai hordas de turistas que vão comer, beber, ouvir música no Peacock Park e espiar as 300 bancas de artesanato. *3 dias na 3ª semana fev • Em todo Grove, sobretudo nos parques Bayshore e Peacock • Mapa G3 • www.coconutgroveartsfest.com*

7 Miami-Bahamas Goombay Festival
Festa baamesa com desfile, comida típica, música caribenha e dançarinos *junkanoo* que desfilam pelas ruas. Autointitulado maior festejo afro-americano dos EUA. *1º fim de semana jun • Em todo Coconut Grove • Mapa G3*

8 Miami International Orchid Show
A Flórida tornou-se um dos polos mundiais do cultivo de orquídeas. Mais de 500 mil espécimes são expostos nessa mostra, que tem um tema diferente todo ano. *Fim fev/início mar • www.sforchid.com*

9 The Improv Comedy Club
Aproveite o espetáculo de alguns dos melhores comediantes do país junto com um jantar delicioso. *3390 Mary Street, Shoppes of Mayfair, Coconut Grove • Mapa G3 • 305-441-8200*

10 Columbus Day Regatta
Cerca de 600 barcos participam dessa homenagem ao descobridor Cristóvão Colombo. *Meados out • Do Coral Reef Yacht Club até a Elliot Key • Mapa G3 • www.columbusdayregatta.net*

Veja mais sobre os alegres festejos de Miami nas **pp. 40-1**

Chinese Village, projetada por Merrick; Coral Gables Merrick House

Top 10 Passeios e Lugares Históricos

1 Miracle Mile
Embora não seja exatamente uma milha nem milagrosa, essa rua e as paralelas têm boas lojas e restaurantes elegantes *(p. 99)*.

2 Coconut Grove Village
É um local para caminhar *(p. 101)*, mas recomenda-se não ir além de algumas quadras a oeste do CocoWalk (o "Black Grove" não é acolhedor). *Mapa G3*

3 Merrick Villages
Em algumas horas você consegue percorrer de carro Coral Gables para ver essas residências, feitas no estilo de culturas nacionais e regionais diversas *(pp. 18-9)*.

4 Barnacle Historic State Park
Essa casa incomum é a mais antiga da região, construída em 1891 *(p. 100)*.

5 Vizcaya Museum and Gardens
Uma recriação de mansão italiana do século XVI com jardins planejados *(pp. 16-7)*.

Gruta de Vizcaya

6 Biltmore Hotel
De beleza e grandiosidade inimitáveis, esse hotel, inaugurado em 1926 *(p. 99)*, é um dos mais maravilhosos do mundo.

7 Congregational Church
Belo tributo barroco de Merrick a seu pai, ministro congregacional, a igreja foi a primeira de Coral Gables e continua sendo a mais bonita *(p. 19)*.

8 Venetian Pool
Considerada a mais linda piscina pública do mundo, merece meio dia da sua atenção. É proibida a entrada de crianças menores de 3 anos *(pp. 18 e 99)*.

9 Coral Gables Merrick House
Após a restauração, a casa da infância de George Merrick *(p. 19)* retomou a aparência que tinha nos anos 1920. Ela comprova como foi modesta a criação do homem que iria realizar sonhos tão grandiosos. A cidade de Coral Gables tem esse nome (Frontões de Coral) por causa da casa. A pedra da obra veio da pedreira onde hoje está a Venetian Pool.
907 Coral Way • Mapa F3 • 305-460-5361 • Casa 13h-16h qua e dom; terreno 8h-pôr do sol diariam • Entrada paga

10 Lowe Art Museum
O museu expõe arte egípcia, greco-romana, asiática e americana até o século XVII e também arte europeia e americana contemporânea *(pp. 20-1)*.

Midori Gallery; Books and Books

TOP 10 Butiques

1 Modernism Gallery

Um dos maiores vendedores do país de móveis, artigos de iluminação e acessórios incríveis, inclusive art déco. *1500 Ponce de Leon Blvd, 2º andar, Coral Gables • Mapa G3*

2 Midori Gallery

Objetos de cerâmica, laca e marfim chineses e japoneses de alta qualidade, alguns tão antigos quanto a dinastia oriental Han (25-220 d.C.), e peças da dinastia Sung (cerca de mil anos atrás). *3168 Commodore Plaza, Coconut Grove • Mapa G3*

3 Palm Produce Resortwear

As roupas na Flórida são soltas e coloridas, de tecidos naturais e de modelos masculinos e femininos um tanto fúteis. *3380 Mary Street, Streets of Mayfair, Coconut Grove • Mapa G3*

4 Fashionista

Esse é o lugar para comprar roupas, acessórios e bijuterias chiques de grife com pequenos defeitos, por preço bem reduzido. *3135 Commodore Plaza, Coconut Grove • Mapa G3*

5 Books and Books

A apenas uma quadra da Miracle Mile, essa livraria é especializada em arte, literatura e livros sobre a Flórida. Tem um ótimo café, recitais de poesia frequentes, sessões de autógrafos e galeria de fotos. *265 Aragon Ave, Coral Gables • Mapa G3*

6 White House

Seleção refinada de moda feminina. Vestidos sociais elegantes com brilhos, terninhos, penhoares e roupas íntimas. Os preços seguem a qualidade dos tecidos e da manufatura. *3015 Grand Ave, CocoWalk • Mapa G3*

7 Expertees Golf Shop

Com as mais recentes linhas de tacos e acessórios de golfe, essa loja também oferece modernníssima análise computadorizada das tacadas, laboratório de hastes, centro de treino e aulas para novatos e jogadores de maior potencial. *2329 Coral Way • Mapa G3*

8 Sparkle Plenty

Loja de presentes diferentes, com uma atraente variedade de objetos feitos à mão: bijuteria requintada, vidros soprados e ornamentos importados – todos com aspecto magnífico, e preços idem. *3015 Grand Ave, Coconut Grove • Mapa G3*

9 Out of Africa

O som de tambores africanos enche o ar, e figuras e máscaras de madeira e joias de prata preenchem o espaço. *Streets of Mayfair, 2911 Grand Ave, Coconut Grove • Mapa G3*

10 Barnes & Noble Booksellers

Não só livraria completa como lanchonete, café e ótimo lugar para matar o tempo. *152 Miracle Mile, Coral Gables • Mapa G3*

Categorias de Preço

Refeição para uma pessoa com três pratos, meia garrafa de vinho, impostos e serviço.	
$	até US$20
$$	US$20-40
$$$	US$40-55
$$$$	US$55-80
$$$$$	acima de US$80

Bizcaya Grill; The Cheesecake Factory

TOP 10 Restaurantes Badalados

1 Ortanique on the Mile
Esse restaurante acolhedor serve pratos caribenhos como garoupa baamesa ou costeleta de porco charqueada com goiaba. *278 Miracle Mile, Coral Gables (perto do Actor's Playhouse) • Mapa G3 • 305-446-7710 • $$$$*

2 Fleming's Prime Steakhouse and Wine Bar
Carne grelhada com perfeição em churrascaria famosa, que tem um sommelier para sugerir dentre cem vinhos em taça o que se harmoniza com a sua refeição. *2525 Ponce de Leon Blvd, Coral Gables • Mapa G3 • 305-569-7995 • $$$$*

3 Christy's
Desde que abriu, em 1978, esse restaurante tornou-se um dos prediletos de políticos, executivos e celebridades. Carne maturada, frutos do mar frescos e salada Caesar premiada. *3101 Ponce de Leon Blvd, Coral Gables • Mapa G3 • 305-446-1400 • $$$$*

4 Bizcaya Grill
Esse restaurante gourmet no Ritz Carlton serve carnes grelhadas e frutos do mar com bom gosto. Entre os pratos, ossobuco de carneiro com minirravióli importado. *3300 SW 27th Ave, Coconut Grove • Mapa G3 • 305-644-4680 • $$$$*

5 Pascal's on Ponce
Lugar perfeito para um jantar romântico, com a requintada cozinha francesa do chef Pascal Oudin, boas toalhas, linda baixela e serviço atencioso. *2611 Ponce de Leon Blvd, Coral Gables • Mapa G3 • 305-444-2024 • $$$*

6 Gibraltar
Vá a esse sucesso local para um almoço inovador saborosíssimo. Os mexilhões no vapor com coco e coentro são uma iguaria tropical. *4 Grove Isle Drive, Coconut Grove • Mapa G3 • 305-857-5007 • $$$$*

7 The Cheesecake Factory
Um dos vários endereços no sul da Flórida que servem de pot stickers (guiozás) a shepherd's pie (escondidinho) e ao menos 36 tipos de cheesecake. *3015 Grand Ave, CocoWalk • Mapa G3 • 305-447-9898 • $$$*

8 Bombay Darbar
Tido como o melhor restaurante indiano de Miami. Kebabs e curries são as especialidades. *3195 Commodore Plaza, Coconut Grove • Mapa G3 • 786-444-7272 • $$$*

9 Titanic Brewing Company
Brinde com uma cerveja caseira e belisque petiscos de lagostim ou lula. *5813 Ponce de Leon Blvd, Coral Gables • Mapa G3 • 305-667-2537 • $$*

10 Berries in the Grove
Principalmente os moradores da cidade adotaram esse restaurante, que contém o melhor da culinária saudável e alegre da Flórida. Você encontra de pizza a vitaminas de fruta. *2884 SW 27th Ave • Mapa G3 • 305-448-2111 • $$*

Os restaurantes têm acesso para deficientes, aceitam cartões de crédito e servem pratos vegetarianos, exceto quando há indicação do contrário

Charles Deering Estate; Coral Castle

Sul de Coconut Grove

DIRIGINDO PARA O SUL *a partir das principais atrações de Miami, depois de passar por subúrbios sem graça, você entra em terras vastas de pomares cítricos e hortos tropicais. O aspecto geral também muda – mais mata fechada, mais o velho Sul. Embora às vezes ríspidas, as pessoas são amistosas e há muitas opções de consumo, parques, jardins, zoológicos e museus. Existem ainda atrações educativas maravilhosas para crianças e adultos, como a Monkey Jungle e o Biscayne National Underwater Park.*

Escultura no Coral Castle; Fairchild Tropical Garden

TOP 10 Destaques

1. Fairchild Tropical Garden
2. Charles Deering Estate
3. Zoo Miami
4. Monkey Jungle
5. Coral Castle
6. Wings Over Miami
7. Gold Coast Railroad Museum
8. Biscayne National Underwater Park
9. Florida International University Art Museum
10. Fruit & Spice Park

1 Fairchild Tropical Garden

Zoo Miami

Esse paraíso tropical lindíssimo foi criado em 1938 e funciona também como instituto botânico. À volta de uma série de lagos artificiais encontram-se uma das maiores coleções de palmeiras do mundo (550 das 2.500 espécies conhecidas) e inúmeras árvores e plantas magníficas. Num passeio de 40 minutos em veículo aberto, os guias contam como as plantas são usadas para fazer de perfumes a bolas de golfe. Reserve mais 2 horas para as suas próprias descobertas. *10901 Old Cutler Rd • Mapa G4 • 305-667-1651 • www.fairchildgarden.org • 9h30-16h30 diariam • Entrada paga*

2 Charles Deering Estate

Esse terreno na Biscayne Bay tem duas obras arquitetônicas importantes: o Richmond Cottage, primeira hospedaria da região, erigida em 1896, e a grande "Stone House", do Renascimento Mediterrâneo, de 1922. Também se pode visitar uma sepultura pré-colombiana e um sítio de fósseis. *16701 SW 72nd Ave, com SW 167th St e Old Cutler Rd • Mapa F4 • 305-235-1668 • 10h-16h diariam • Entrada paga*

3 Zoo Miami

O zoológico trabalha bastante com espécies ameaçadas. Os tratadores dão palestras nos horários de alimentação. *12400 SW 152 St • Mapa E4 • 305-251-0400 • www.zoomiami.org • Entrada paga*

4 Monkey Jungle

Essa atração cativante ainda é gerida pela família que a fundou em 1933 para estudar o comportamento dos primatas. Muitos macacos pequenos andam soltos enquanto os visitantes passam por caminhos gradeados. Gorilas, orangotangos, macacos-aranha e gibões ficam em jaulas normais. Há exposições constantes sobre a capacidade de macacos, gorilas e outros primos dos humanos. *14805 SW 216th St • Mapa F5 • 305-235-1611 • www.monkeyjungle.com • 9h30-17h • Entrada paga*

5 Coral Castle

Castelo não é, mas é uma charada. De 1920 a 1940, o imigrante letão Edward Leedskalnin construiu essa pilha misteriosa como presente para sua amada na Letônia, que lhe dera um fora em 1913. Ninguém sabe como ele extraiu e transportou sozinho as 1.100 toneladas de pedra de coral, esculpiu todos os enormes pedaços com formas monumentais e os colocou no lugar com tanta perfeição. Um portão de 9 toneladas está tão estranhamente equilibrado que se abre com a pressão de um dedo mínimo. *28655 South Dixie Hwy • Mapa E6 • 305-248-6345 • www.coralcastle.com • 8h-18h seg-qui, 8h-20h sex-dom • Entrada paga*

Veja uma sugestão de passeio de um dia que inclui o Deering Estate na **p. 109**

Coral Castle

6 Wings Over Miami

Esse museu de aviões famosos e militares serve de homenagem aos primeiros inventores e aviadores, alguns dos quais bateram recordes nos aviões expostos. Há ainda antigos biplanos e um DeHavilland todo de madeira compensada. *Tamiami Airport, 14710 SW 128th St, com SW 147th Ave, South Dade • Mapa E4 • 305-233-5197 • www.wingsovermiami.com • 10h-17h qui-dom • Entrada paga*

7 Gold Coast Railroad Museum

O museu foi inaugurado em 1957 por um grupo de habitantes de Miami que tentavam salvar peças ameaçadas da história da Flórida. Entre as mais antigas estão "Ferdinand Magellan", vagão de trem particular construído para o presidente Franklin Roosevelt; o motor FEC que moveu o trem de resgate que partiu de Marathon após o furacão de 1935; e a locomotiva 113, construída em 1913. Edwin Link é uma miniferrovia para crianças. *12450 SW 152nd St • Mapa F4 • 888-608-7246 • www.goldcoast-railroad.org • 10h-16h ter-sex, 11h-16h sáb-dom • Entrada paga*

8 Biscayne National Underwater Park

Como o Biscayne National Underwater Park é 95% de água, muitos visitantes entram nele em barcos privados. Por outro lado, o Dante Fascell Visitor Center, em Convoy Point, é o único lugar do parque nacional a que se chega de carro e onde se tem várias opções de transporte por mar. Essa concessão oferece aluguel de botes, passeios de barco com fundo de vidro, saídas para mergulho e transporte de campistas para a ilha. Há também uma passarela pitoresca que percorre a beira-mar até o atracadouro de pedra, ao lado do canal transitável que dá na baía. *SW 328th St (North Canal Drive) • Mapa D5 • 305-230-7275 • www.nps.gov/bisc • 9h-17h diariam*

Terra de Furacões

Um a cada dez furacões do Atlântico Norte atinge a Flórida, o que significa uma média de uma grande tempestade em dois anos. Em 24 de agosto de 1992, o furacão Andrew foi uma delas, de índice 4 na escala de Saffir-Simpson. O mais intenso é 5, como o que passou pelas Keys em 1935 e destruiu a ponte Flagler.

Gold Coast Railroad Museum

Peça de Dubuffet, University Museum

9 Florida International University Art Museum

O museu é especializado em arte latino-americana e americana do século XX e realiza de seis a oito grandes exposições por ano. O Martin Z. Margulies Esculpture Park exibe 69 obras em vários suportes ao longo dos 10,7ha do campus da FIU – uma representação bastante rica e importante de obras modernas. É reconhecido no país como uma das grandes coleções de escultura mundiais e a maior em um campus universitário. Conta com peças significativas de Dubuffet, Miró, Nevelson, Calder, Noguchi e Serra. *10975 SW 17th St • Mapa F3 • 305-348-2890 • 10h-17h ter-sáb, 12h-17h dom • Visitas de 1h mediante reserva • Grátis*

10 Fruit & Spice Park

Esse parque botânico tropical de 12ha é dedicado a plantas exóticas, como frutas cítricas, uvas, bananas, ervas, especiarias, frutos secos e bambu. É uma atração ímpar nos EUA – afinal, o clima tropical do sul da Flórida não existe em outro ponto do país. Entre as numerosas variedades expostas há algumas espécies venenosas e centenas de variedades de bambu e banana. Uma loja maravilhosa propicia a oportunidade de encher a despensa com muitos produtos de fruta incomuns. *24801 Redland Road (SW 187th Ave), Homestead • Mapa E6 • 305-247-5727 • 9h-17h diariam • Entrada paga/passeios guiados*

Passeio no Charles Deering Estate

Manhã

Para chegar ao **Charles Deering Estate** *(p. 107)*, siga ao sul de Miami pela Hwy 1 (também chamada Dixie Hwy) e vire à esquerda na SW 168th St. Siga-a até o fim, no próprio Estate, na SW 72nd Ave.

A visita completa demora de 3 a 4 horas. Para começar, pegue a trilha de entrada e, ao sair do mangue, você vê a incrível vista da Biscayne Bay. Note a escala do nível da água da inundação causada pelo furacão Andrew.

O Richmond Cottage, construção original, era uma hospedaria em 1896. Foi destruída pelo Andrew em 1992, mas está em reconstrução. Ao lado, a elegante Stone House tem portas de bronze e cobre, retratos da família Deering, uma célebre adega de vinhos etc.

Caminhe para a Carriage House, onde se vê uma antiga bomba a gás. Se tiver tempo, pegue a Main Nature Trail (trilha sinalizada), que atravessa uma bela ponte de pedra de coral, feita em 1918. Por fim, saia pela histórica entrada principal, com pilares de coral e portões de madeira e ferro.

Tarde

Pode-se fazer piquenique no terreno, que dispõe de algumas instalações. Se quiser um almoço farto, siga de carro para o norte até **Guadalajara** *(p. 111)*, bem perto. Para completar o dia fora, pegue a Hwy 1 para o sul até o excêntrico **Coral Castle** *(p. 107)*.

Brighton Collectibles; The Falls

TOP 10 Lojas de Lembranças Regionais

1 Brighton Collectibles
Compre boas utilidades domésticas, bolsas de couro, molduras para quadros, relógios e bijuteria. *The Falls Shopping Center, US Highway 1, SW 136th St, South Miami • Mapa F4 • 305-254-0044*

2 Papyrus
Essa loja oferece grande sortimento de papelaria, chaveiros, anéis, jogos de canetas e lápis e espátulas de envelope. *The Falls Shopping Center, US Highway 1, SW 136th St, South Miami • Mapa F4 • 305-252-3888*

3 Today's Collectibles
Você vai ter de passar por cima dos cachorros quando chegar pela entrada da frente. Há luminárias no estilo Tiffany, bijuteria de marcassita ou antiga, móveis e objetos de coleção. *Cauley Square, 12360 SW 224 St • Mapa F5*

4 Guayaberas Etc.
Essa loja dispõe de camisas clássicas de tecidos finos e de algodão para homens, mulheres e crianças. *8870 SW 40th St • Mapa F3 • 305-485-1114*

5 Miami Twice
Além de roupas e bijuteria antigas, os caçadores de antiguidades encontram objetos art déco e mais preciosidades. *6562 Bird Rd, Miami • Mapa F3 • 305-666-0127*

6 The Aviary
Esse é o seu lugar caso você enfim decida fazer uma tatuagem de arara ou cacatua no ombro. E você pode comprar uma gaiola nova para o seu passarinho e todos os suplementos e apetrechos necessários. Trata-se de um lugar maravilhoso de visitar, situado num jardim tropical. *22707 South Dixie Hwy • Mapa E5 • www.aviarybirdshop.com*

7 O'Sew Crafty
Essa loja de presentes encantadora vende artesanato de artistas locais, como brinquedos, bordados e crochê. Você pode até receber dicas para fazer presentes simples e baratos para levar para casa. *12315 SW 224th St • Mapa F5 • 305-258-2949*

8 Claire's Boutique
Essa butique vende ótimos artigos para presente, de brincos, pulseiras e braceletes a acessórios de cabeça e bolsinhas. *20505 South Dixie Highway, Southland Mall • Mapa F5 • 510-785-3021*

9 Island Colors
Pinturas, esculturas, objetos de ferro e lembranças do Haiti e da África. *Cauley Square, 12309 SW 224th St • Mapa F5 • 305-258-2565*

10 The Falls
Um dos maiores centros comerciais e de diversão ao ar livre dos Estados Unidos, totalizando mais de cem lojas localizadas em meio a paisagismo com vegetação tropical. *US Highway 1 SW 136 St, South Miami • Mapa F4 • 305-255-4570 • www.shopthefalls.com*

Da Highway 1, no sentido sul, você reconhece a Cauley Square por causa da fazenda pitoresca de estilo espanhol à direita

Sushi; Empanadas

Categorias de Preço

Refeição para uma pessoa com três pratos, meia garrafa de vinho, impostos e serviço.	
$	até US$20
$$	US$20-40
$$$	US$40-55
$$$$	US$55-80
$$$$$	acima de US$80

TOP 10 Restaurantes Típicos

1 Red Fish Grill
Um dos lugares mais românticos de Miami, aninhado na magia tropical do Matheson Hammock Park. Peixes ótimos, recém-pescados, preparados com o jeitinho caribenho, e uma série de outros pratos. ✆ *9610 Old Cutler Rd • Mapa G4 • 305-668-8788 • $$$$*

Placa do Red Fish Grill

2 La Porteña
A tradicional parrillada argentina e também comidas como ostra, crepe de caviar com queijos mascarpone e manchego e mexilhões saborosos salteados com alho. ✆ *8520 SW 8th St • Mapa F3 • 305-263-5808 • $$$$*

3 Shula's Steak House
Restaurante bem equipado, com muitas recordações do Miami Dolphins (o dono é um ex--técnico do time). Quanto à comida, há muitas carnes, inclusive um bife gigante de 1,4kg! ✆ *7601 Miami Lakes Dr, Miami Lakes • Mapa F2 • 305-820-8102 • $$$$*

4 Tropical Chinese
Ótima comida chinesa em ambiente tropical movimentado. Há mexilhões, camarão com alho e espinafre e sopa de frutos do mar com tofu. ✆ *7991 Bird Rd • Mapa F3 • 305-262-7576 • $$$$*

5 Trattoria Sole
A salada de espinafre com uvas-passas e pinhão cai bem, assim como a polenta com molho de javali. ✆ *5894 Sunset Dr • Mapa F4 • 305-666-9392 • $$$$*

6 Guadalajara
Comida mexicana genuína caseira em ambiente cheio de personalidade. Como as porções são enormes, bastam uns petiscos. Prove a tortilla quente molhada em queijo fundido. ✆ *8461 SW 132nd St, Pinecrest • Mapa F4 • 786-242-4444 • $$*

7 Two Chefs
Culinária americana e contemporânea com toques internacionais servida em ambiente de bistrô. ✆ *8287 South Dixie Highway • Mapa F4 • 305-663-2100 • $$$$*

8 The Melting Pot
Clima tranquilo, com mesas privativas. O cardápio tem de pratos vegetarianos a filé mignon. ✆ *11520 SW Sunset Dr • Mapa F4 • 305-279-8816 • $$$$*

9 Sushi Maki
Bom sushi por preço razoável. Há peixes diversos e 30 criativos tipos de rolinho. ✆ *5812 Sunset Dr • Mapa F4 • 305-667-7677 • $$$*

10 Casa Paco
Restaurante cubano-espanhol de família com pratos típicos autênticos. Bom serviço e preços justos, em ambiente confortável. ✆ *8868 SW 40th St, South Miami • Mapa F4 • 305-554-7633 • $$*

Os restaurantes têm acesso para deficientes, aceitam cartões de crédito e servem pratos vegetarianos, exceto quando há indicação do contrário

M & M

Transeuntes em Key West; Duval Street, Key West; Dolphin Research Center

Keys

AS KEYS (ILHOTAS) DA FLÓRIDA *são um cordão de gemas selvagens e variadas num colar líquido azul-turquesa. Essas ilhas ainda têm vida silvestre abundante, com flora e fauna únicas, como fica claro em todos os parques e atrações para famílias centrados no encontro com a natureza. Mesmo assim, ao menos vinte espécies vegetais e animais das Keys estão ameaçadas de extinção. Trata-se de um lugar para atividades ao ar livre: esportes aquáticos de todo tipo, pesca esportiva e caminhadas através das reservas naturais e florestas tropicais virgens. Ao longo da única estrada (US 1), que vai do continente até Key West, há desde resorts luxuosos a bancas de estrada que vendem hortifrútis.*

TOP 10 Destaques

1. John Pennekamp Coral Reef State Park
2. Dolphin Cove
3. Theater of the Sea
4. Indian Key Historic State Park
5. Dolphin Research Center
6. Museum of Natural History of the Florida Keys
7. Pigeon Key
8. Bahia Honda State Park
9. Mel Fisher Maritime Museum
10. Key West

Casa em Key West

Nas páginas anteriores, **porto em Key West**

Jetty, John Pennekamp Park

1 John Pennekamp Coral Reef State Park

O parque é mais famoso pela incrível vida nos recifes de coral. Podem-se alugar botes, canoas, barcos a motor e equipamento de mergulho, ou optar por um passeio em barco com fundo de vidro. A maioria dos destinos localiza-se no vizinho Florida Keys (Key Largo) National Marine Sanctuary. As águas rasas das Dry Rocks, bem como as do Molasses Reef, são boas sobretudo para fazer snorkel. *Marco 102.5, lado do mar • Mapa D5 • 305-451-6300 • 8h-17h diariam • Entrada paga*

2 Dolphin Cove

Esse centro de pesquisas de ambientes marinhos, situado numa laguna, deixa nadar (literalmente) com golfinhos – por um preço alto. Nadadores menos confiantes também podem se aproximar dos golfinhos em águas rasas. Por bem menos dinheiro, você pode observá-los de fora da água. Entre outros programas há passeios ecológicos e de barco no pôr do sol, e ainda barcos fretados para ver aligátores, crocodilos e flamingos. *Marco 101.9, lado da baía • Mapa C5 • 305-451-4060 • 8h-17h diariam • Entrada paga • www.dolphinscove.com*

Coral, John Pennekamp Park

3 Theater of the Sea

Você sabia que os golfinhos se sentem como tubos molhados e as arraias como gelatina? Essa estação de mamíferos marinhos é a segunda mais antiga do mundo (desde 1946) e oferece grande variedade de shows e programas. Há espetáculos de golfinhos e leões-marinhos ou, se preferir, você pode nadar com eles. Por um preço alto, o "Swim with the Dolphins" garante abraços, reboque de costas e beijocas. "Swim with the Sea Lions" também conta com reboques e abraços. "Swim with the Stingrays" é o mais acessível. *Marco 84.5, lado do mar • Mapa C5 • 305-664-2431 • www.theaterofthesea.com • 9h30-17h diariam • Entrada paga*

4 Indian Key Historic State Park

A pequena Indian Key tem uma história surpreendente para o seu tamanho (4,25ha). Antigo sítio indígena, ela foi ocupada em 1831 pelo capitão J. Houseman, um resgatador oportunista. Os seminoles atacaram em 1840 e mataram os colonos. A ilhota foi abandonada e hoje só resta a silhueta da vila, coberta de vegetação. Essas plantas descendem das que eram do dr. Henry Perrine, botânico morto no ataque. *Marco 78.5, lado do mar • Mapa C5 • 305-664-2540 para o serviço de barcos • 8h-pôr do sol qui-seg*

Dolphin Research Center; Golfinhos

5 Dolphin Research Center

Grande atração para quem nunca foi às Keys, esse centro de pesquisa e ensino não lucrativo tem uma família de golfinhos-nariz-de-garrafa e leões-marinhos-da-califórnia, a maioria dos quais nasceu nas instalações, e resgata e trata de baleias e golfinhos. Os visitantes veem golfinhos e leões-marinhos brincar ou podem participar de programas interativos. Há restrição de idade para se aproximar dos golfinhos e exige-se reserva antecipada, que pode ser feita pela internet. *58901 Overseas Hwy, Marathon • Mapa C6 • 305-289-1121 • www.dolphins.org • 9h-16h30 diariam • Entrada paga*

6 Museum of Natural History of the Florida Keys

O museu tem uma canoa escavada de 600 anos, restos de navios piratas, gruta de coral simulada e uma ânfora de Bellarmine (c. 1580), recuperada de naufrágio em condições quase perfeitas. Existem ainda o Florida Keys Children's Museum e o Marathon Wild Bird Center. *Marco 50.5, lado da baía • Mapa B6 • 305-743-9100 • 9h-17h seg-sáb, 12h-17h dom • Entrada paga*

Concha, Museum of Natural History

7 Pigeon Key

Abrigava o canteiro de obras dos operários que construíram a ponte ferroviária Henry M. Flagler's Overseas, dita oitava maravilha do mundo quando concluída, em 1912. Uma fundação de pesquisa marinha instalou-se nos velhos prédios. Para chegar à ilha, vai-se a pé ou de barco. Recomenda-se reservar em grandes feriados e fins de semana. *Barcos no marco 47, lado do mar • Mapa B6 • 305-289-0025 • www.pigeonkey.net • 9h-17h diariam • Entrada paga*

As Keys: Mito e Magia

O nome já evoca paisagens marítimas batidas pelo vento e outras loucuras: Humphrey Bogart e Lauren Bacall no clássico melodrama *Key Largo (Paixões em fúria)*; alguns dos maiores escritores americanos (Ernest Hemingway, Tennessee Williams etc.) achando musas onde os EUA encontram o Caribe; uma vida sem limites que parece boa demais para ser real.

8 Bahia Honda State Park

Essa área protegida ostenta as melhores praias de todas as Keys – e quase sempre é classificada entre as melhores dos Estados Unidos. A areia branca ofuscante tem como fundo uma floresta tropical densa entrecortada por várias trilhas. *Bahia Honda Key, marco 37, lado do mar • Mapa B6 • 305-872-3210 • 8h-pôr do sol diariam • Entrada paga*

Bahia Honda State Park

9 Mel Fisher Maritime Museum

O Mel Fisher Maritime Museum apresenta a Era da Descoberta, do fim do século XV a meados do século XVIII, quando os europeus exploraram o então Novo Mundo. Suas descobertas, seu comércio e impacto sobre os habitantes das Américas podem ser compreendidos por meio das peças do acervo desse museu. Contém quatro navios, entre eles o *St. John's Wreck*, construído em 1560, e o *Henrietta Marie*, galeão inglês que afundou ao largo das Florida Keys em 1700.

200 Greene Street, Key West • Mapa A6 • 305-294-2633 • www.melfisher.org • 8h30-17h diariam • Entrada paga

10 Key West

Com uma história muito rica e de uma beleza de tirar o fôlego, a autointitulada República Conch (pronuncia-se "conk") realmente parece um mundo à parte do restante dos Estados Unidos *(pp. 26-7)*.

Duval Street, Key West

Caminhada de Um Dia por Key West

Manhã

Comece perto das 10h no ponto mais meridional dos EUA continentais, olhando para o Atlântico, no cruzamento das ruas Whitehead e South, onde o marco informa que Cuba está a apenas 144km de distância. Depois percorra a Whitehead até o **Lighthouse Museum** e suba seus 88 degraus para ter uma visão geral da ilha e mais além.

A parada seguinte é na **Hemingway House**, no nº 907, onde você pode rever a vida do artista como um *conch*. Então, prossiga para o **Green Parrot Bar**, no nº 601 da Whitehead, para admirar esse lugar antigo e tomar uma bebida antes do almoço. Desse ponto, vá ao **Mangoes Restaurant**, na Duval Street 700, para um ótimo almoço e para ver o movimento.

Tarde

Então, dê uma olhada na fachada colonial do **San Carlos Institute** e, na quadra seguinte, espie os vitrais da **St. Paul's Episcopal Church**. No nº 322, visite o **Oldest House Museum and Garden**.

Agora, ao subir para o terceiro andar do The Bull, no nº 224, tudo pode ganhar um aspecto bem "Key West": você chega a **The Garden of Eden**, um bar em que é opcional usar roupa ou não.

No nº 201, pare no histórico bar **Sloppy Joe's**. Já deve ser hora da famosa celebração do pôr do sol: vá à Mallory Square e some sua energia positiva à festa!

Mangue, Key Largo Hammocks Botanical State Park; Bahia Honda

TOP 10 Reservas Naturais

1 Key Largo Hammocks Botanical State Park

A maior floresta tropical com mangue restante no país é um refúgio protegido da flora e da fauna endêmicas. *1,6km ao N da US 1, na Route 905, lado do mar • Mapa C5 • 305-451-1202 • 8h-17h diariam • Entrada paga*

2 John Pennekamp Coral Reef State Park

Parque mais famoso pelo magnífico recife de coral ao largo, onde se mergulha com snorkel ou cilindro. Os passeios de barco com fundo de vidro são os preferidos *(p. 115)*.

3 Florida Keys Wild Bird Rehabilitation Center

Um refúgio seguro para tratar de aves das Keys de todo tipo, de cegonhas a corujas. *Marco 93.6, lado do mar • Mapa C5 • 305-852-4486 • Aurora-pôr do sol diariam • Doação*

4 Windley Key Fossil Reef State Geological Site

Mostras sobre a natureza no centro e trilhas nas ex-pedreiras da ferrovia, onde se veem corais-cérebro e leques-do-mar fossilizados. *Marco 84.9, lado da baía • Mapa C5 • 305-664-2540 • 8h-17h qui-seg • Entrada paga*

5 Lignumvitae Key Botanical State Park

Só se chega de barco a essa casa com jardim em floresta virgem, feita por William Matheson. *Marco 78.5, lado da baía • Mapa C6 • Barcas 305-664-9814 • Só sex-dom*

6 Long Key State Park

Entre as atrações, passarela através do mangue, onde se veem aves aquáticas. As águas rasas da praia são boas para snorkel. *Marco 67.5, lado do mar • Mapa C6 • 305-664-4815 • 8h-pôr do sol diariam • Entrada paga*

7 Crane Point Hammock Museums and Nature Center

Caminhe por trilhas educativas até a baía da Flórida para ver o Museum of Natural History of the Florida Keys *(p. 116)* e o Adderly Town Historic Site. *Marco 50.5, lado da baía • Mapa B6 • 305-743-9100 • 9h-17h seg-sáb, 12h-17h dom • Entrada paga*

8 Bahia Honda State Park

Com muita mata e ótimas trilhas sinalizadas. Fascinante mergulho com snorkel *(p. 116)*.

9 National Key Deer Refuge

Restavam menos de 50 dos pequenos veados-da-flórida quando esse refúgio foi instituído, em 1957. Hoje são cerca de 600. Dirija bem devagar e não os alimente. *Marco 30.5, lado da baía • Mapa B6 • 305-872-0774 • 9h-16h diariam • Grátis*

10 Looe Key National Marine Sanctuary

Looe Key Reef é um dos corais mais espetaculares das Keys, ótimo para mergulho com snorkel ou cilindro. Ligue para saber mais sobre passeios de barco. *Marco 27.5, lado do mar • Mapa B6 • 305-292-0311*

Garças e o raro colhereiro-rosado; Crocodilos-americanos, ameaçados de extinção

TOP 10 Plantas e Animais

1 Veado-da-Flórida

O pequeno veado-da-flórida (máximo de 81cm de altura) é visto principalmente nas ilhotas Big Pine e No Name. Dóceis e encantadores, esses animais livraram-se do perigo de extinção nos últimos 40 anos.

2 Coral

Embora pareça uma rocha inerte, o coral é um organismo vivo e muito frágil, fácil de ser danificado com o mínimo toque.

3 Pau-de-Porco

Árvore inconfundível, a *gumbo limbo* é encontrada em todas as Keys, onde é chamada "árvore de turista" porque sua cortiça é vermelha e descasca.

4 Palmeiras

Embora poucas espécies sejam nativas – palmeira-real, palmeira-leque, palmito-selvagem e palmeira-prateada –, muitas importadas hoje enfeitam as ilhas.

5 Tartarugas Marinhas

Esses animais mansos, de vida longa, existem em grande variedade de tamanhos e formas. Da maior à menor, há a tartaruga-de-couro, a tartaruga-cabeçuda, a tartaruga-verde, a tartaruga-de-pente e a tartaruga-de-ridley.

Garça nas Keys

6 Garças

Entre essas aves elegantes estão a garça-azul-grande (branca também), a garça-azul, a garça--tricolor, a garça-verde e o socó-dorminhoco.

7 Garças-Reais

Parecidas com as garças, existem a garça-branca-grande, a garça-branca-pequena (distinguível pelas pernas pretas e pés amarelos) e a garça-vermelha.

8 Íbis-Sagrada

Reconhecível pelo bico longo e curvo para baixo, essa ave branca de tamanho médio era sagrada para os egípcios.

9 Corvo-Marinho-de-Orelhas

Identificável pelo pescoço em forma de S, pelo bico diferenciado e pela excelente habilidade no nado, essa é uma das aves mais fascinantes das Keys.

10 Outras Epécies Ameaçadas

Entre elas estão o crocodilo-americano, o rato-da-flórida e o rato-do-algodão, uma espécie de borboleta (*Schaus swallowtail butterfly*) e o colhereiro-rosado. Todos eles foram caçados ou perseguidos quase até a extinção ou perderam seu habitat por causa da ocupação humana.

Placa de empresa de mergulho nas Keys; Para-sail; Iatismo

TOP 10 Atividades Esportivas

1 Nado

Algumas das melhores praias do mundo estão nas Keys. Não ligue se a temperatura do mar cair abaixo dos 79°F (26°C) habituais – a maioria dos hotéis tem piscinas aquecidas.

2 Mergulho com Snorkel e Cilindro

Como as Keys são quase todas circundadas pelo maior recife de coral vivo das Américas, o mundo submarino é uma das maravilhas que a região oferece.

3 Pesca

Os pescadores de alto-mar acham as Keys um paraíso. Com a corrente do Golfo por perto, as águas proporcionam pescarias as mais variadas. É fácil conseguir um barco; tente o Key West Fishing Club. *Fishing Club 305-294-3618 • www.keywestfishingclub.com*

4 Windsurfe

Com ventos constantes e águas rasas e calmas por muitos quilômetros mar adentro, as Keys são perfeitas para windsurfe. A maioria das praias mais ou menos cheias tem lojas que alugam o equipamento necessário.

5 Para-Sail

Nas Keys, é fácil, seguro e inesquecível fazer para-sail – as melhores asas que você pode conseguir. Várias empresas pequenas oferecem essa experiência, como a Sebago, em Key West Bight. *Sebago 305-292-4768*

6 Ciclismo

Sem dúvida, uma das melhores maneiras de conhecer as Keys é de bicicleta. As ruas são seguras, sobretudo em Key West, e existem bicicletas para alugar em todo canto.

7 Canoagem e Iatismo

As dezenas de marinas nas Keys estão cheias de empresas que alugam os barcos que você quiser – ou levam os clientes para um passeio, se preferirem.

8 Esqui Aquático ou Jet Ski

Essas modalidades mais intensas para aproveitar as águas das Keys existem em qualquer lugar onde haja marina, sem dúvida em Key West e outros pontos turísticos desenvolvidos. A Island Water Sport é uma das empresas que dispõem de jet ski. *Island Water Sport 305-296-1754*

9 Golfe

Os campos de golfe não são tão presentes nas Keys quanto no resto da Flórida, mas há vários bons, como o Key Colony, na Marathon Key, no marco 53.5 do lado do mar, ou um mais caro em Key West.

10 Tênis

Existem bons clubes de tênis em quase todas as Keys urbanizadas: em Islamorada (no marco 76.8, lado do mar), em Marathon (no marco 53.5, lado do mar), em Key West, é claro, e em outros lugares.

Veja mais sobre praias e esportes aquáticos nas Keys e nos arredores de Miami nas **pp. 30-5**

Seven-Mile Bridge; Sósias de Hemingway nos Hemingway Days

TOP 10 Passeios e Eventos Especiais

1 Conch Tour Train

O passeio de trem por Key West é obrigatório para novos visitantes. Dá um panorama geral do lugar e revela informações sobre sua história e cultura.

2 Dry Tortugas

Pegue um avião ou uma barca para esse arquipélago selvagem, onde a prática de snorkel é imbatível *(pp. 32 e 129).*

3 Old Town Ghost Walk

Uma caminhada noturna à luz de lanternas pelas ruas misteriosas da Cidade Velha de Key West leva à descoberta de uma ilha assombrada. *Passeios saem toda noite do Crowne Plaza La Concha Hotel, 450 Duval St • Mapa A3*

4 Goombay Celebration

Festejo da cultura e da vida da ilha, com ênfase em ótima música. Realizado em meados de outubro, em geral mistura-se à Fantasy Fest *(abaixo). Bahama Village, Key West • Mapa A6*

5 Fantasy Fest

Realizado em outubro em Key West por dez dias antes do Halloween e incluindo-o, esse é um festejo com clima divertido e otimista *(p. 40).*

6 Cuban American Heritage Festival

Em maio, Key West recorda sua rica herança cubana e a comemora com comidas típicas, música excelente e dança nas ruas da ilha. *305-295-9665*

7 Old Town Trolley Tour, em Key West

Veja as atrações desse trólebus laranja e verde, num passeio com narração que permite subir e descer o dia inteiro por um preço só. Você pode comprar os bilhetes no hotel ou na Cidade Velha, na Duval Street. *Mapa A6 • 305-296-6688 • www.trolleytours.com*

8 Annual Conch-Blowing Contest

O som do sopro em conchas – ou ruído, para quem não sabe soprar – é um meio de expressão tradicional que enche o ar no início de março em Key West.

9 Seven-Mile Bridge Run

De meados ao final de abril, corredores entusiasmados homenageiam a ponte que uniu todas as Keys conquistando-a com os pés. *Marathon Key • Mapa B6 • 305-743-5417*

10 Hemingway Days

Desde que começou a ser realizada no meio da baixa temporada, na terceira semana de julho (o aniversário de Hemingway era 21 de julho), essa festa é sobretudo para os *conchs.* Por isso parece ser a celebração mais adorada pelos moradores. Sósias de Hemingway ajudam na comemoração e nas homenagens ao mais famoso escritor da ilha. *305-294-1136*

Saiba mais sobre passeios e eventos especiais nas Keys ligando para o West Visitor Center, 1-800-527-8539

Archaeo; The Gallery at Kona Kai Resort

Top 10 Compras nas Ilhas

1 The Gallery at Kona Kai Resort
Seleção impressionante de obras de arte, como pinturas de Sobran e Magni, esculturas de bronze e esplêndidas fotos da natureza das Keys. *Marco 97.8, lado da baía, 97802 Overseas Highway (US 1) • Mapa C5 • www.konakairesort.com*

2 Rain Barrel Sculpture Garden
Conjunto convidativo, reconhecível pela escultura gigantesca de lagosta e por um papagaio real no pátio central, com lojas especializadas e de artesanato. *Marco 86.7, lado do mar, 86729 Old Highway (US 1) • Mapa C5 • www.rainbarrelsculpture.com*

3 Archeo
Máscaras e entalhes africanos raros e um monte de tapetes persas. *1208 Duval Street, Key West • Mapa A6 • www.archeogallery.com*

4 Montage Handcrafted Decorative Signs
Uma das lojas mais diferentes de Key West, tem um amplo estoque de placas copiadas e originais, todas feitas à mão. Uma boa recordação de Key West. *430 Duval Street • Mapa A6 • www.montagekeywest.com*

5 Key West Aloe
Empresa que faz produtos naturais desde 1971, sem realizar nenhum teste em animais. *419 Duval Street, Key West • Mapa A6 • www.keywestaloe.com*

6 Cuba! Cuba!
Como Key West é mais perto de Cuba que da Flórida continental, faz sentido achar nesse local uma loja de artesanato cubano, apesar do embargo oficial. Entre os artigos há caixas feitas à mão, bonecas e pinturas. *814 Duval Street, Key West • Mapa A6 • www.cubacubastore.com*

7 Sweets of Paradise
Vá pelos doces caseiros, celestiais. O caramelo é feito com chocolate belga, e a torta de limão-das-keys no palito é de morrer. *291 Front Street #5, Key West • Mapa A6*

8 Peppers of Key West
Bela variedade de molhos temperados para tudo – de churrasco a extermínio de inimigos. *602 Greene Street, Key West • Mapa A6 • www.peppersofkeywest.com*

9 Grand Vin
Ótimos vinhos do mundo afora por bons preços – e a chance de degustá-los em taças. Sente-se na varanda. *1107 Duval Street, Key West • Mapa A6*

10 Conch Republic Cigar Factory
"Saboreie o gosto do paraíso" é o lema dessa antiga fábrica que produz o melhor charuto depois do genuíno cubano. Os preços vão de US$3 a US$10,75 por apenas um charuto. *540 Greene Street, Key West • Mapa A6 • www.conch-cigars.com*

Bourbon Street; La Te-Da; Graffiti

TOP 10 Lugares para Gays e Lésbicas

1 Gay and Lesbian Community Center, Key West
Sempre há muita informação para pegar, bem como encontros ocasionais e eventos sociais. *513 Truman Avenue, Key West • Mapa A6 • 305-292-3223 • www.glcckeywest.org*

2 Bourbon Street Complex
Nele se incluem o popular Bourbon Street Pub, 801 Bourbon Bar, One Saloon, Pizza Joe's e The New Orleans House, pousada gay. O 801 tem shows de travestis toda noite. *722-801 Duval Street, Key West • Mapa A6*

3 Pearl's Rainbow Patio Bar
Esse bar só para mulheres fica dentro do Pearl's Rainbow Resort e é ponto de encontro de lésbicas, sobretudo na sexta-feira e no sábado, na happy hour, das 17h às 19h. Abre todo dia às 12h. *525 United Street, Key West • Mapa A6 • 305-292-1450*

4 La-Te-Da
Esse lugar chique com excelente restaurante atrai há muito tempo gays e lésbicas. "Guys as Dolls" e outros shows no Crystal Room Cabaret. *1125 Duval Street, Key West • Mapa A6 • 305-296-6706*

5 KWEST
Grupo de vários bares com show de travestis toda noite, homens dançando para homens, bar e loja de couro, além de noites temáticas. *705 Duval Street, Key West • Mapa A6 • 305-292-8500*

6 Graffiti
Roupas caras da moda feitas para um público gay jovem. A maioria é discreta, mas há também brilhos para combinar com essa ilha voluptuosa. *721 Duval Street, Key West • Mapa A6*

7 Fast Buck Freddie's
Fundada em 1976, essa incrível loja de departamentos dispõe de praticamente tudo, de roupas básicas a utensílios de cozinha incomuns. Há até a seção "Tropical Trash". *500 Duval Street, Key West • Mapa A6*

8 Fairvilla Megastore
Loja supercompleta para casais de gays que estão em busca de brinquedos, filmes eróticos e acessórios sensuais. *520 Front Street, Key West • Mapa A6*

9 Aqua Night Club
Essa vibrante boate com vídeos abre toda noite. A happy hour começa às 15h e há caraoquê e show de travestis. O bar para fazer coquetéis tem ambiente calmo e relaxante, com tochas e cascata. *711 Duval Street, Key West • Mapa A6 • 305-294-0555*

10 Aids Memorial
Os nomes de cerca de mil *conchs* que foram levados pela doença estão gravados em quadrados de granito preto, juntamente com poesias tocantes e inspiradoras. *Oceano Atlântico, no fim do White Street Pier • Mapa A6*

Veja hospedagem exclusiva para gays e lésbicas em Key West na **p. 153**

Sloppy Joe's; The Bull

TOP 10 Bares e Casas Noturnas

1 Sloppy Joe's
Pode-se comer uma refeição completa ou tomar uma bebida nesse bar barulhento com ótima localização. Exibe muitos objetos que lembram Hemingway, pois ele passava o tempo no local e também no Sloppy Joe's *(veja abaixo)* original. *201 Duval St, Key West • Mapa A6 • 305-294-5717*

2 Captain Tony's Saloon
Esse era o Sloppy Joe's original, do qual Hemingway era freguês. Bandas ao vivo tocam o tempo todo; o herói *conch* Jimmy Buffett cantava no local. *428 Greene St, Key West • Mapa A6 • 305-294-1838*

3 Green Parrot Bar
Criado em 1890 e ainda na ativa, com muitos moradores, mesas de bilhar e música ao vivo nos fins de semana. *601 Whitehead St, Key West • Mapa A6 • 305-294-6133*

4 Bull and Whistle Bar
Três bares em um, em três pisos. O do térreo sempre tem diversão ao vivo, e a cobertura aberta no último andar é The Garden of Eden, famoso bar onde estar vestido é opcional *(pp. 49 e 117)*. *224 Duval St, Key West • Mapa A6 • 305-296-4565*

5 Hog's Breath Saloon
Um dos bares mais conhecidos por causa de ampla publicidade – faz parte de uma rede da Flórida. Conte com muita bebedeira e música ao vivo. *400 Front St, Key West • Mapa A6 • 305-296-4222*

6 Jimmy Buffet's Margaritaville
O famoso conterrâneo Jimmy Buffett é o dono desse bar-restaurante com loja de suvenires. Música ao vivo toda noite, e às vezes o próprio líder do Parrot Head dá o ar da graça. *500 Duval St, Key West • Mapa A6 • 305-296-9089*

7 Top Lounge
Situado no sétimo andar do Crowne Plaza La Concha Hotel, o Top Lounge é um dos melhores lugares para bebericar com vista de 360° da ilha e mais além. Também se pode subir quando o bar está fechado. *430 Duval St, Key West • Mapa A6 • 305-296-2991*

8 Schooner Wharf Bar
Está localizado no distrito histórico do porto e, ao ar livre, tem panorama do mar e música ao vivo. *202 William St, Key West • Mapa A6 • 305-292-3302*

9 Rick's/Durty Harry's Entertainment Complex
Esse conjunto tem treze bares. A Rick's Upstairs é uma das melhores casas noturnas da cidade. *202 Duval St, Key West • Mapa A6 • 305-296-4890*

10 Berlin's Cigar and Cocktail Bar
Paredes com lambris, tapete alto e luzes tênues criam um charme do Velho Mundo. Peça um charuto e um coquetel vendo os iates em Key West Bight. *700 Front St, Key West • Mapa A6 • 305-294-5880*

Categorias de Preço

Refeição para uma pessoa com três pratos, meia garrafa de vinho, impostos e serviço.

$	até US$20
$$	US$20-40
$$$	US$40-55
$$$$	US$55-80
$$$$$	acima de US$80

Mangoes

TOP 10 Restaurantes "Conch"

1 A & B Lobster House
Situado no coração de Key West em prédio histórico reformado. Lagosta-do-maine, camarão fresco e vista do mar. *700 Front St, Key West • Mapa A6 • 305-294-5880 • $$$$*

2 Blue Heaven
Você nunca esquecerá o charme e a comida deliciosa desse lugar incrível *(p. 26)*.

3 Mangoes
Não deixe de ir, não apenas pela comida empolgante – como o exclusivo cogumelo silvestre e o "martíni" de trufa –, mas também porque o lugar é importante na vida de Key West. *700 Duval St, Key West • Mapa A6 • 305-292-4606 • $$*

4 Louie's Backyard
Alta-culinária em ambiente arejado e descontraído junto ao Atlântico. Entre as pedidas atraentes, rúcula e espinafre com vinagrete de mostarda e wontons de pato crocantes, bem como sobremesas sensacionais. *700 Waddell Ave, Key West • Mapa A6 • 305-294-1062 • $$$$*

5 Harbourview Cafe
O chef faz uso da abundância de ingredientes nativos do Caribe e da península da Flórida, preparando-os com um floreio que redefine a culinária regional. As vistas são espetaculares. *Pier House Resort, 1 Duval St, Key West • Mapa A6 • 305-296-4600 • $$$$*

6 El Siboney
Ótima comida cubana em ambiente amistoso e prático. Muita diversidade, como porco assado com mandioca e tamales, bife de palomilla empanado e siri recheado. *900 Catherine St, Key West • Mapa A6 • 305-296-4184 • $$*

7 Tavern N Town
Culinária floribenha extraordinária é servida no ambiente elegante da Tavern N Town. Experimente a conch chowder (sopa de peixe). *3841 N Roosevelt Blvd, Key West • Mapa A6 • 305-296-3676 • $$$$*

8 Sarabeth's
Omeletes macios, waffles de abóbora e ricota de lima-da--pérsia fazem dele um favorito no brunch de domingo. *530 Simonton St, com Southard, Key West • Mapa A6 • 305-293-8181 • $$$*

9 Michaels Restaurant
Coma o melhor bife da cidade no Michaels. Prove o cowboy steak, filé de costela de 570g com cogumelo e cebola. *532 Margaret St, com Southard, Key West • Mapa A6 • 305-295-1300 • $$$$*

10 Mangia Mangia Pasta Café
Aberto só para o jantar, esse restaurante italiano central tem massa fresca maravilhosa. Em consequência, está sempre com movimento e é um favorito do local. Molhos saborosos e ótima lasanha. *900 Southard St, Key West • Mapa A6 • 305-294-2469 • $$$*

Os restaurantes têm acesso para deficientes, aceitam cartões de crédito e servem pratos vegetarianos, exceto quando há indicação do contrário

Butique, Palm Beach; The Jungle Queen, Fort Lauderdale; Aligátor

Outros Passeios

SE VOCÊ SE AVENTURAR FORA *dos pontos mais turísticos da Grande Miami, apronte-se para um certo choque cultural. Fica visível a vida dura mas prática dos índios nas reservas dos Everglades, e os encraves das costas do Ouro e do Tesouro podem passar a impressão de um mundo diferente. A sensação cosmopolita dá lugar à velha Flórida.*

Via Roma, Palm Beach

TOP 10 Outros Passeios

1. **A1A North, ao Longo da Costa do Ouro**
2. **Everglades, pelo Alligator Alley (I-75)**
3. **Everglades, pela Tamiami Trail (Hwy 41)**
4. **Loxahatchee National Wildlife Refuge**
5. **A1A North, ao Longo da Costa do Tesouro**
6. **Naples e Arredores**
7. **Fort Myers**
8. **Ilhas Sanibel e Captiva**
9. **Dry Tortugas, Partindo de Key West**
10. **Lake Okeechobee**

Vista da Costa do Ouro

1 A1A North, ao Longo da Costa do Ouro

Na ponta norte de Miami Beach começa uma sucessão de lindas comunidades que se estendem por 80km. Tão diversificadas como a Grande Miami, elas aumentam de um modo imensurável a riqueza cultural do sul da Flórida e constituem uma opção inigualável a desvendar *(pp. 24-5)*.

2 Everglades, pelo Alligator Alley (I-75)

Essa talvez seja a rota mais fácil e rápida para atravessar os Everglades, por se tratar de uma estrada interestadual com pedágio e duas pistas de tráfego em cada sentido. Você se vê no meio daquela imensa massa de pântanos cheios de vida, mas há várias lojas ótimas no caminho, ao cruzar a Big Cypress National Preserve e logo ao norte da Fakahatchee Strand State Preserve. ⊗ *Mapa B-C3*

3 Everglades, pela Tamiami Trail (Hwy 41)

A Highway 41 foi a primeira a atravessar os Everglades e desde o começo foi chamada de Tamiami Trail, que soa mais como palavra indígena, mas na verdade significa Tampa-Miami, as cidades ligadas por ela. Porém, a rodovia adentra o território seminole, onde se pode sentir o que os Everglades têm de maravilhoso. Ao avançar para a costa do Golfo, não deixe de parar em Everglades City e em Naples *(p. 128)*.
⊗ *Mapa A3-C4*

4 Loxahatchee National Wildlife Refuge

Essa reserva é o que restou do norte dos Everglades, vasta área principalmente de charcos com gramíneas, tão característicos do seu ambiente. As convidativas áreas de uso público dão a oportunidade de ver a flora e a fauna dos alagados, como garças, aligátores e o ameaçado gavião-caramujeiro. Entre as atividades estão caminhadas pela natureza, passeios de canoa, observação de pássaros e pesca de robalo. Um percurso de 8km feito em canoa é a melhor maneira de ver e explorar de perto o refúgio.
⊗ *10216 Lee Road, Boynton Beach • Mapa C-D 2-3 • 1-800-683-5873 • Aurora-pôr do sol diariam • Entrada paga*

Aves nos Everglades

Veja mais sobre os Everglades nas **pp. 28-9**

Fonte, Palm Beach

5 A1A North, ao Longo da Costa do Tesouro

Palm Beach, na Costa do Ouro, é o parquinho de inverno e a meca das compras dos ricos *(p. 25)*. Se você continuar pela A1A ao norte de Palm Beach, a megalópole dá lugar às cidades menores e mais tranquilas da Costa do Tesouro. Entre elas estão Vero, a maior; Jupiter, sem ilhas de barreira; Stuart, com bairro histórico charmoso; a rural Fort Pierce; e, no prolongamento norte da Costa do Tesouro, o vilarejo de pescadores de Sebastian. Visite-as se quiser conhecer o sul da Flórida sem a balbúrdia de Miami.
Mapa D1-2

6 Naples e Arredores

Ao atravessar os Everglades, a inevitável primeira parada na costa do golfo do México é Naples. Essa cidade praiana rica orgulha-se de uma beleza perfeita, 55 campos de golfe e uma zona central de sonho. Há um píer agradável, em que se divide o espaço com pelicanos enquanto se pesca, e 16km de praias de areia branca, com águas mais quentes que as do Atlântico. Perto da ilha Marco, a mais setentrional do arquipélago Ten Thousand Islands, é uma boa base para se infiltrar no limite oeste dos Everglades. O lugar tem sido uma mina de achados significativos sobre os índios calusas, alguns com 3.500 anos. *Mapa A3*

Relógio da Tiffany, Palm Beach

7 Fort Myers

Embora a cidade possua importância histórica por ter sido o centro de operações de Thomas Alva Edison, inventor do século XIX, a Fort Myers atual tornou-se um dos maiores refúgios de gente do Meio-Oeste que quer passar as férias junto ao mar, sobretudo no inverno. Suas praias lembram Indiana ou Iowa, repletas de famílias sem nenhuma das obsessões de Miami com a ostentação. O único problema que você provavelmente encontrará é congestionamento no trânsito.
Mapa A2

A praia e o píer de Naples

Mansão histórica, Fort Myers

8 Ilhas Sanibel e Captiva

A Lee Island Coast oferece uma combinação irresistível de praias de areia, vida silvestre exótica, vegetação exuberante e lindo pôr do sol. As joias da coroa são as ilhas Sanibel e Captiva, que proporcionam um clima descontraído ao estilo caribenho misturado a lojas e restaurantes refinados. A maior parte do território é protegida e a construção civil sofreu restrições: não existem condomínios e há poucos hotéis grandes – veem-se principalmente casas e chalés em meio ao verde. ✎ *Mapa A3*

9 Dry Tortugas, Partindo de Key West

Você pode viajar de Key West às maravilhosas ilhas Dry Tortugas de hidroavião ou avião. A companhia de navegação Yankee Freedom oferece uma viagem diária. As excursões de um dia incluem comida e snorkel. Também se pode pernoitar acampado. A ilha mais visitada é Garden Key, local do Fort Jefferson e de praias excelentes para snorkel *(p. 32)*. ✎ *Mapa A5*

• *Yankee Freedom 305-294-7009*

10 Lake Okeechobee

Esse enorme lago de água doce – o nome significa "água grande" na língua dos índios seminoles – é o segundo maior em extensão dos EUA, com área de 1.940km². Embora não seja muito pitoresco por causa da alta represa construída à sua volta, é muito conhecido pela excelente pesca. As cidades ao redor do lago são relativamente subdesenvolvidas para o turismo, algumas delas até bem austeras. A melhor para usar como base da pescaria é Clewiston, pequena e agradável. A cana-de-açúcar constitui a principal atividade econômica ao sul do lago – os produtores estão sempre em conflito com os ambientalistas que tentam preservar os Everglades. ✎ *Mapa C2*

A Corrida pelas Terras no Sul da Flórida

O tempo quente no inverno do sul da Flórida e a expansão econômica no início do século XX tornaram a região ideal para construir o Sonho Americano. Os anos 1920 presenciaram a primeira grande febre de terras no sul da Flórida, quando o desenvolvimento ameaçou transformar os Everglades em passado. No auge da alta, os terrenos de boa qualidade atingiam US$26 mil por 4 mil m², mas muitos investidores faliram ao ser ludibriados e comprar um pântano distante do mar. A bolha estourou com o furacão arrasador de 1926 e a Grande Depressão, alguns anos depois.

Fort Jefferson, Dry Tortugas

Categorias de Preço

Refeição para uma pessoa com três pratos, meia garrafa de vinho, impostos e serviço.		
	$	até US$20
	$$	US$20-40
	$$$	US$40-55
	$$$$	US$55-80
	$$$$$	acima de US$80

The Restaurant at La-Te-Da

TOP 10 Onde Comer

1 Le Café de Paris, Fort Lauderdale

Esse restaurante francês de mais de 30 anos oferece boa comida por bons preços. A entrada de escargot é especialmente deliciosa. *715 East Las Olas Blvd, Fort Lauderdale • Mapa D3 • 954-467-2900 • $$$*

2 Swamp Water Café, Everglades

Comida genuína de pantanal: bolinhos de aligátor, filé de bagre, pernas de rã e até algum veado. *Big Cypress Reservation, 32km (20 milhas) ao N na saída 14 da I-75, de Ft Lauderdale ou Naples • Mapa B3 • 1-800-949-6101 • $$*

3 Rod and Gun Club, Everglades

Ótimas vistas em clássico hotel de fronteira da Flórida. Sanduíches de peixe fresco (siri mole ou garoupa suculenta) são a especialidade. *200 Riverside Dr, Everglades City • Mapa B4 • 239-695-2101 • Não aceita cartões • Sem opções vegetarianas • $$*

4 Café Protegé, West Palm Beach

Restaurante gourmet no campus de ótima escola de culinária. Prove escargot com creme de alho e vinho branco. *2410 Metrocenter Blvd, West Palm Beach • Mapa D2 • 561-687-2433 • $$$*

5 Sinclair's Ocean Grill, Jupiter

No salão ou no pátio, a comida é a tradicional floribenha – um pouco do Caribe, da orla do Pacífico e da Flórida. *Jupiter Beach Resort, 5 North A1A, Jupiter • Mapa D2 • 561-745-7120 • $$$*

6 The Dock at Crayton Cove, Naples

Mais fusão culinária floribenha, com queijo de cabra e macadâmia frita e quesadilla de galinha caipira. *845 12th Ave S, na Naples Bay • Mapa A3 • 239-263-9940 • $$$$*

7 The Veranda, Fort Myers

Restaurante charmoso, com decoração sulina. O bolinho de alcachofra com siri-azul é formidável. *2122 2nd St, Fort Myers • Mapa A2 • 239-332-2065 • $$$$*

8 Key Lime Bistro, Captiva

Divertido e alegre, com ar praiano. Entre os pratos, terrina vegetariana tricolor e galinhada. Jazz no brunch de domingo. *11509 Andy Rosse Lane, Captiva Island • Mapa A3 • 239-395-4000 • $$$*

9 The Restaurant at La-Te-Da, Key West

Pura magia culinária, com pratos de fusão em jardim romântico. Farto brunch aos domingos. *1125 Duval St, Key West • Mapa A6 • 305-296-6706 • $$$$*

10 Colonial Dining Room, Clewiston

Peixes frescos do lago Okeechobee e ar fino. Muitas antiguidades e reproduções da pré-Guerra de Secessão. *Clewiston Inn, 108 Royal Palm Ave • Mapa C2 • 863-983-8151 • $$$*

Key West aparece nesta página por dar acesso às Dry Tortugas; veja mais restaurantes de Key West na **p. 125**

Categorias de Preço

Para quarto-padrão de casal, por noite, com café da manhã (se incluído), impostos e taxas adicionais.

$	até US$100
$$	US$100-200
$$$	US$200-250
$$$$	US$250-300
$$$$$	acima de US$300

Hyatt Regency; Jupiter Beach Resort

Top 10 Onde Ficar

1 Hyatt Regency Pier 66, Fort Lauderdale

Vistas fantásticas do giratório Pier Top Lounge. Quartos bem equipados, spa e academia de ginástica. *2301 SE 17th St Causeway, Fort Lauderdale • Mapa D3 • 1-888-591-1234 • www.hyatt.com • $$$$*

2 Billie Swamp Safari Wildlife Park, Everglades

Há pouco mais de conforto do que em um camping, mas é uma chance de ficar juntinho dos Everglades. *Big Cypress Reservation • Mapa B3 • 1-800-949-6101 • www.seminoletribe.com • Sem banheiro privativo e ar-condicionado • $*

3 Rod and Gun Lodge, Everglades

Tranquilo, com passado pitoresco que inclui Hemingway, presidentes americanos e até Mick Jagger. *200 Riverside Dr, Everglades City • Mapa B4 • 239-695-2101 • Não aceita cartões • $$*

4 Hibiscus House, West Palm Beach

Decoração vitoriana, porcelana refinada e quartos com instalações individualizadas, além de bela piscina e um pátio. *501 30th St, West Palm Beach • Mapa D2 • 561-863-5633 • www.hibiscushouse.com • $$*

5 Jupiter Beach Resort

Luxuoso mas despretensioso. Quartos simples, com banheiro de mármore, decoração animada e principalmente vistas incríveis. Boa opção para a família. *5 North A1A, Jupiter • Mapa D2 • 1-800-228-8810 • www.jupiterbeachresort.com • $$$*

6 The Inn on Fifth, Naples

Hotel acolhedor com charme mediterrâneo, fontes e interior suntuoso. *699 5th Ave S, Naples • Mapa A3 • 1-888-403-8778 • www.naplesinn.com • $$$$*

7 Marriott Sanibel Harbour Resort and Spa

Paredes de estuque, quartos espaçosos e área de recreação espetacular, com cascatas e praia privativa. *17260 Harbour Pointe Drive • Mapa A3 • 1-800-767-7777 • www.sanibel-resort.com • $$$$$*

8 Captiva Island Inn

Grupo de chalés de madeira em meio a palmeiras e pertinho de praia imaculada. *11509 Andy Rosse Lane, Captiva Island • Mapa A3 • 1-800-454-9898 • www.captivaislandinn.com • $$*

9 Crowne Plaza La Concha, Key West

É onde Tennessee Williams teria escrito *Um bonde chamado desejo* e presidentes e nobres se hospedaram. *430 Duval St, Key West • Mapa A6 • 305-292-4087 • www.laconchakeywest.com • $$$$$*

10 Clewiston Inn

Decoração pré-Guerra de Secessão. *108 Royal Palm Ave • Mapa C2 • 1-800-749-4466 • www.clewistoninn.com • $$*

Veja a lista principal de hotéis em Miami e nas Keys nas **pp. 146-53**

DICAS DE VIAGEM

Centro de Miami

Top 10 Planejamento

1 Quando Ir/Clima

De clima subtropical, o sul da Flórida é atrativo o ano inteiro. Contudo, no fim da primavera e no verão o calor pode ser insuportável, com chuva pesada quase toda tarde. A alta temporada vai de cerca de dezembro a abril.

2 Duração da Estada

Fique o máximo possível. Além das praias, o sul da Flórida tem muito a oferecer, sobretudo na alta temporada, quando parece haver um festejo toda semana. Muitos hotéis trabalham com pacotes especiais se você se hospedar por semana.

3 O que Levar

Se estiver indo de outro país, leve carteira internacional de motorista, transformador de voltagem e remédios de receita necessários. Leve também calçados bons para caminhar ou, melhor ainda, chinelos ou sandálias. Quanto ao restante, considere o mínimo possível.

Consulados em Miami

- *Brasil 305-285-6200*
- *Argentina 305-373-1889*
- *Chile 305-373-8623*
- *Espanha 305-446-5511*
- *França 305-403-4150*
- *Israel 305-925-9400*
- *Itália 305-374-6322*
- *Japão 305-530-9090*
- *Portugal 305-539-4717*

4 Visto e Passaporte

Sempre verifique os requisitos mais recentes antes de viajar. Em geral, o cartão de identificação e a declaração alfandegária são fornecidos no avião. Brasileiros necessitam de visto para entrar nos EUA. Para mais informações, visite o site www.visto-eua.com.br.

5 Alfândega

Pode-se entrar nos EUA com presentes no valor de US$100 (US$400 para cidadãos dos EUA), um pacote com 200 cigarros, 100 charutos e 1 litro de bebida alcoólica, sem pagar taxas à alfândega. É probido levar carne, sementes, plantas e frutas frescas. Medicamentos com receita devem estar claramente sinalizados. ✆ *U.S. Customs Service: 800 697 3662. Para mais informações: 877 CUSTOMS*

6 Dinheiro e Seguro de Viagem

É essencial ter seguro de viagem com cobertura médica, inclusive morte acidental e atendimento de emergência, cancelamento da viagem e perda de bagagem e documentos. Viaje com o mínimo dinheiro possível, por segurança e para evitar questionamento dos funcionários da alfândega.

7 Embaixadas e Consulados

A maioria dos países importantes tem escritório diplomático em Miami, e os consulados existem para ajudar os compatriotas em dificuldade.

8 Pacotes com Guia

Dada a fama de Miami de cidade perigosa – embora tenha melhorado nos últimos tempos –, muitos turistas preferem viajar em grupos organizados, o que pode poupar diversos incômodos alfandegários. No entanto, saiba que as empresas que promovem esse tipo de viagem costumam hospedar o turista nas partes menos atraentes da cidade. Escolha uma agência que lhe proporcione o máximo de flexibilidade.

9 Pesos, Medidas e Tempo

Nos Estados Unidos usa-se o sistema imperial de onças, libras, polegadas, pés, jardas, milhas etc. A voltagem é de 110-115V, e os plugues elétricos têm dois pinos chatos. Miami está no fuso horário do Leste, cinco horas atrás do Greenwich Mean Time e duas atrás do horário de Brasília.

10 Língua

Embora se fale o inglês nos principais pontos turísticos, a língua materna da maioria dos habitantes de Miami é o espanhol. É bom aprender algumas frases básicas em espanhol por uma questão de cortesia.

Nas páginas anteriores, **os murais se destacam no interior do restaurante haitiano Tap Tap**

Miami Chamber of Commerce; Key West Chamber of Commerce; Deco Center

TOP 10 Informações Práticas

1 Greater Miami & Beaches Convention & Visitors' Bureau
O órgão tem escritórios municipais e internacionais e um site. Oferece mapas e indicações sobre todas as coisas na Grande Miami, inclusive as Keys e os Everglades.

2 Dicas Gerais
Vale a pena conhecer os sites Visit Florida e MetroGuide Miami.

3 Câmaras de Comércio em Miami
Miami Beach, Coral Gables e Coconut Grove têm câmaras de comércio próprias, que dispõem de mapas e informação.

4 Art Deco Welcome Center
Estão disponíveis visitas com guia e autoguiadas (audioguias inclusive), além de folhetos sobre o Deco District e esse estilo artístico.

5 Tropical Everglades Visitor Association
Dicas sobre excursões e caminhadas, pescaria e passeios de barcos, mergulho, paisagens e atrações, restaurantes e hospedagem.

6 Greater Homestead/ Florida City Chamber of Commerce
Fornece folhetos e cupons de desconto para a região de South Miami e dos Everglades. O escritório está em prédio de época com exposição de fotos sobre Homestead. É aconselhável o passeio a pé sugerido pelo centro histórico.

7 Greater Fort Lauderdale Convention & Visitors Bureau
Informações sobre Fort Lauderdale, Hollywood, Pompano Beach, Sunrise, Lauderdale-By-The-Sea e Deerfield Beach.

8 Vacation Planner Magazine
A bela revista gratuita *Vacation Planner*, que cobre o sul da Flórida, está disponível em muitos pontos de informação.

9 Informação sobre Palm Beach
O Palm Beach Country Convention & Visitors' Bureau tem uma série de materiais informativos. Sua câmara de comércio publica o amplo *Official Guide to Palm Beach*.

10 Informação sobre as Keys
O pessoal do Monroe County Tourist Development Council – The Florida Keys & Key West conhece tudo sobre o arquipélago, e seu amor pela região é contagioso. Os funcionários fornecem os melhores mapas e dicas para aproveitar ao máximo cada marco miliário do caminho.

Agenda

Greater Miami CAVB
701 Brickell Ave, Suite 2700, Miami • 1-800-933-8448 • www.miamiandbeaches.com

Dicas Gerais
www.flausa.com • www. miami.metroguide.net

Câmaras de Comércio em Miami
1920 Meridian Ave, Miami Beach, 305-672-1270 • 2333 Ponce de Leon Blvd, Colonade Office Tower, Suite 650, Coral Gables, 305-446-1657 • Peacock Park, perto da S Bayshore Drive, Coconut Grove, 305-444-7270

Art Deco Center
1001 Ocean Drive • 305-763-8026 • www.mdpl.org

Everglades (TEVA)
160 US Hwy 1, Florida City • 1-800-388-9669 • www.tropicaleverglades.com

Greater Homestead
212 NW 1st Ave • 305-247-2332

Fort Lauderdale
1850 Eller Drive, Suite 303 • 1-800-227-8669

Palm Beach
1555 Palm Beach Lakes Blvd • 561-233-3000

Florida Keys
1201 White St, Key West • 1-800-648-5510 • www.fla-keys.com

Terminal do Aeroporto de Miami; Ônibus do aeroporto; Ponte nas Keys

TOP 10 Como Chegar

1 Companhias Aéreas

Várias companhias aéreas regionais e internacionais vão à Grande Miami, como American, Delta, United, US Airways, AirTran e Southwest; do Brasil, TAM, Gol e Lufthansa, entre outras.

2 Tarifas

Como o mercado aéreo nos EUA é bem flexível, com novas empresas surgindo todo ano, basta uma curta pesquisa na internet para encontrar boas promoções. Atualmente, a AirTran e a Southwest são boas nos voos nacionais, mais baratos nos dias úteis.

3 Miami International Airport

É um dos mais movimentados aeroportos do mundo, o que pode gerar longas filas na alfândega. As distâncias são longas também. Há balcões de informação e de autolocadoras fora da área da alfândega, mas nem sempre com gente para atender.

4 Fort Lauderdale-Hollywood International Airport

É o segundo maior aeroporto da região, menos lotado, mas tão bem equipado quanto o de Miami e servido por quase todas as grandes linhas aéreas. Trata-se da melhor opção se você pretende ficar pela região sul da Costa do Ouro.

5 Autolocadoras, Táxis e Ônibus

Há várias opções para ir dos aeroportos a Miami: carro, ônibus especiais *(veja abaixo)*, táxis, limusines e ônibus para o Metrorail e o TriRail.

6 SuperShuttle

Essa empresa e as concorrentes oferecem serviço 24h por um custo bem menor que o dos táxis. Como o espaço é dividido com outros viajantes, talvez você precise rodar um pouco mais para que os outros sejam pegos e deixados no caminho. Reserve seu ponto de partida no site.

7 De Carro

As maiores estradas interestaduais que vão a Miami são a I-95 (que desce o litoral norte) e a I-75 (que sobe da costa do Golfo). Há também a Florida's Turnpike, que desce do centro do estado. Essas rodovias são bem conservadas, com postos de informação no caminho. As rodovias 1, A1A e 41 servem mais a quem quer explorar a Grande Miami.

8 Pelo Mar

O porto de Miami é simplesmente o maior do mundo. Dele sempre partem navios de cruzeiro colossais para aventuras românticas no Caribe. As pessoas que chegam em embarcações particulares têm marinas excelentes entre as quais escolher.

9 De Trem

A Amtrak vai a Miami de todas as partes dos EUA. Há vagões-leito e restaurante. Dentro da região de Miami existe o excelente Tri-Rail, que se liga ao sistema do Metrorail para cima e para baixo da Costa do Ouro.

10 De Ônibus

Há uma estação rodoviária perto do aeroporto e outra perto do centro, na 100 NW 6th St, ambas servidas pela Greyhound, pela Trailways e pela Metrobus. Os ônibus são baratos, mas inconvenientes se há muita bagagem. Os Greyhound, embora lentos, constituem boa opção para ir de Miami a Key West.

Agenda

Miami International Airport
305-876-7000

Fort Lauderdale-Hollywood Airport
954-359-1200

Palm Beach Airport
561-471-7420

SuperShuttle
1-800-258-3826 ou 305-871-2000 • www.supershuttle.com

Tri-Rail
1-800-874-7245

Amtrak Railroad
1-800-872-7245

Greyhound e Trailways
1-800-231-2222 (ambos)

Metromover; Ciclistas; Veículos de aluguel

TOP 10 Como Circular

1 Metrobus

As linhas da Metrobus cobrem toda a área de Miami-Dade, mas não espere pontualidade, e nem que os veículos passem toda hora. Você precisa ter a quantia certa, ficha ou Metropass.

2 Metrorail e Metromover

O Metrorail é um sistema ferroviário elevado de 34km que vai de Hialeah, ao norte, a Dadeland, ao sul. Passa pelo Centro, por Coconut Grove e por Coral Gables. O Metromover é um ramal de monotrilho do Metrorail que circunda o Centro *(p. 86)*.

3 South Beach Local

É transporte rápido e panorâmico para circular por South Beach. Há dois itinerários separados, pelas avenidas Collins e Washington. Os carros têm ar-condicionado e são silenciosos.

4 Táxis e Hidrotáxis

O taxímetro começa em US$1,50 e aumenta rápido, US$2 por milha – então, táxi não serve para longas distâncias. Em Fort Lauderdale você pode usar o hidrotáxi e se divertir explorando a "Veneza da América".

5 Aluguel de Patins, Bicicleta e Scooter

Esses meios de locomoção rápida são sem dúvida as melhores opções para "fazer" South Beach. Muitas lojas sugerem passeios autoguiados e oferecem aulas grátis de patinação. Se quiser seguir o Sonho Americano, alugue uma moto ou scooter.

6 Carro

Pode ser caro alugar um carro na Flórida, mas pode se achar um bom negócio nos pacotes avião-carro ou reservando pela internet com antecedência. É preciso ter carteira de habilitação em vigor, identidade com foto e cartão de crédito (raramente se aceitam cartões de débito). Esteja sempre atento às taxas extras ocultas.

7 Normas de Trânsito

Miami conta com vias expressas ou pedagiadas em geral boas e fáceis de dirigir, mas os motoristas são outra questão. Mudar de pista em alta velocidade parece ser um esporte local, como todo tipo de infração. O resultado: múltiplos acidentes de trânsito e engarrafamentos.

8 Excursões

Existem por toda Miami, e algumas incluem os Everglades, Fort Lauderdale ou passeio de barco.

9 Limusines

Por ser lugar de estrelas, é comum ver limusines na cidade – quanto maiores, melhor.

10 Orientação

O sistema em grade das ruas e sua ordem (NW, SE, 1st, 2nd, Ave, St etc.) começa no Centro, que tem um eixo na Flagler Street e outro na Miami Avenue. Confusamente, Miami Beach e Coral Gables contam com um sistema próprio de denominação, e muitas ruas têm ainda mais um nome ou até dois.

Agenda

Miami-Dade Metro Transit
305-770-3131

Metrobus System
305-770-3131

South Beach Local
305-770-3131

Miami Taxis
305-444-4444 ou 305-888-8888

Fort Lauderdale Water Taxi
954-467-6677

Bike and Roll
760 Washington St • 773-276-4400

Harley Rentals
786-430-0909

Travel A Plus
305-759-0044 • www.travelaplus.com

Limusines
• Red Carpet Transportation 305-444-4635
• Carey Limousine Service 305-893-9850
• Limousines of South Florida 305-940-5252

The Miami Herald; Evento na Mallory Square, Key West; Jornais, Palm Beach

TOP 10 Mídia

1 The Miami Herald
Esse jornal diário é o maior da Flórida. Seus suplementos semanais *The Street* e *Weekend* são ótimas fontes de informação sobre diversão e eventos regionais.

2 Miami New Times
Esse é o principal semanário gratuito alternativo, que se consegue em restaurantes, lojas, casas noturnas e caixas de rua por toda a cidade. Faz crítica de restaurantes, filmes, bares etc.

3 Key West
O semanário homônimo traz notícias sobre eventos futuros, artes, teatro, atrações, música, casas noturnas, notícias locais e críticas. Como todos os empreendimentos *conch*, ele é perceptivelmente iconoclasta, criticando a polícia e outras autoridades em artigos.

4 El Nuevo Herald
Essa é a edição em espanhol, que obviamente se concentra em questões e eventos relativos à enorme comunidade hispânica.

5 Revistas de Hotel
Nos hotéis "de peso", sempre se encontram *Ocean Drive* e *Where*. A primeira consiste em um veículo estiloso de moda. *Where* é uma publicação internacional – a versão de Miami, mensal, tem esclarecimentos básicos excelentes e até artigos interessantes. Contudo, saiba que os restaurantes estão na lista porque pagaram para aparecer, o que desacredita as resenhas.

6 Redes de TV
A programação das principais redes nacionais é transmitida por quatro canais de Miami: o 4 é a CBS; o 6, a NBC; o 7, a Fox; e o 10 é a ABC. Se a TV não estiver conectada ao serviço de cabo, é por esses canais abertos que você verá todos os programas humorísticos, esportes e noticiários. A estação PBS normalmente pega no canal 2.

7 TV a Cabo
A maioria dos televisores que você vir em Miami estará ligada a uma ou outra empresa de transmissão por cabo. Em geral isso quer dizer que você recebe não só as principais redes, mas também CNN e MSNBC, com notícias; ESPN, com esportes; Weather Channel; Comedy Central; e Nickelodeon (para crianças). Pode ser que você tenha a sorte de pegar toda a programação inovadora da HBO ou parte dela, além de excelentes programas da Showtime.

8 Rádio FM em Inglês
Pode parecer que em Miami só se fala espanhol, mas, quando se liga o rádio, vê-se que a maior parte das conversas ainda é em inglês. Há a costumeira mistura que se ouve nas grandes cidades de música country, antigos sucessos, novo rock, hard rock, jazz, e a programação da NPR (National Public Radio) e emissoras parecidas, para quem quer saber as notícias do dia analisadas com inteligência por intelectuais interessantes.

9 Rádio FM em Espanhol
É claro que existem várias rádios em espanhol, com programação movimentada e o ritmo incessante e atraente de todo tipo de música latino-americana, da mais ou menos tradicional às últimas bate-estacas internacionais. É um jeito legal de praticar o espanhol, principalmente porque às vezes os locutores usam uma mistura fácil de espanhol e inglês, que costuma ser chamada de Spanglish.

10 Rádio AM
Como a qualidade do sinal de FM é muito melhor – e além disso permite transmissão em estéreo –, as rádios AM de Miami consistem quase todas em programas apenas falados. Os ouvintes ligam para desabafar sobre um tópico que o apresentador escolheu naquele dia para envolver a audiência. Existem tanto emissoras em inglês quanto em espanhol em Miami.

Placa de pronto-socorro; Sombras ao sol; Salva-vidas

TOP 10 Segurança e Saúde

1 Telefones de Emergência

O número de emergência 911 é gratuito, mesmo de telefones públicos.

2 Medidas de Segurança

Fique sempre atento para evitar confusão *(p. 140)*. Estacione em locais bem iluminados e deixe portas e janelas trancadas quando dirigir. Saiba o seu itinerário, ou ao menos finja saber. Não entre em bairros suspeitos à noite.

3 Assaltos

Se você tomar os cuidados básicos, é provável que passe longe de qualquer tipo de violência, mas atente para os crimes mais leves. Os batedores de carteira trabalham na multidão – deixe escondido o que tem valor.

4 Atendimento Médico

A maioria dos hospitais regionais tem pronto-socorro 24h, e várias clínicas também atendem. Procure nas *Yellow Pages* em "Clinics". Na maioria dos bairros há farmácias 24h.

5 Queimaduras de Sol

O sol é muito forte em Miami, ainda mais se você estiver perto da areia e da água, que refletem os raios solares. Use bloqueador ou filtro solar o tempo todo e um chapéu. Evite insolação bebendo muito líquido e percebendo quando é hora de se resguardar em uma sombra.

6 Insetos

Insetos que ferroam ou picam, como os mosquitos, podem incomodar muito de junho a novembro. Use repelente de insetos, sobretudo quando sair para os Everglades. Outros bichos desagradáveis são as *sand flies* (mutucas), que picam à noite, e as formigas-de-fogo.

7 Correnteza e Ressaca

Algumas partes do litoral atlântico têm ondas agitadas ou são sujeitas a correntezas fortes. Principalmente as crianças pequenas devem ficar em águas mais protegidas, longe do mar aberto, sobretudo nas águas calmas das Keys.

8 Água-Viva, Arraia e Tubarão

As águas-vivas urticantes, sobretudo a caravela, às vezes frequentam as águas ao largo da costa. Tome cuidado com as que chegam à praia. Os ataques de tubarão são bastante raros, e arraias costumam ser dóceis, mas atenção para não ir ao encontro de uma.

9 Furacões

Os furacões são infrequentes mas devastadores. Se ocorrer um, siga os boletins da TV e do rádio ou ligue para o National Hurricane Center.

10 Achados e Perdidos

Mesmo com pouca chance de reaver o que se perdeu, avise a polícia sobre perdas ou furtos. Guarde uma cópia do boletim de ocorrência que reclamar ao seguro. A maioria das empresas de cartões de crédito e de cheques de viagem tem números gratuitos para avisar sobre a perda *(p. 141)*. Se perder o passaporte, ligue para o consulado *(p. 134)*.

Agenda

Emergências
911

Dentistas
305-667-3647

Clínicas
Miami Beach Medical Clinic, 1540 Washington Ave, 305-532-4122 • Today's Woman Medical Center, 3250 S Dixie Hwy, Coconut Grove, 305-441-0304

Hospitais
Mount Sinai Medical Center, 4300 Alton Rd, Miami Beach • Mercy Hospital, 3663 S Miami Ave, Coconut Grove, 305-854-4400 • Coral Gables Hospital, 3100 Douglas Rd, 305-445-8461

National Hurricane Center
305-229-4470

Achados e Perdidos do Aeroporto de Miami
305-876-7377

Conheça os telefones úteis especiais na **p. 144**

Abrigo contra o sol abrasador; Gerente de hotel; Policial

TOP 10 A Evitar

1 Locais Perigosos

A maioria deles está no norte da Grande Miami, mas saiba que o chamado "Black Grove", a apenas duas ou três quadras da badalada Coco Village, é bastante dilapidado e perigoso.

2 Intolerância

Nas áreas periféricas, fora das bolhas de sofisticação de Miami Beach, da Grande Miami e de Key West, você de repente se vê na velha Flórida, onde pode haver muito preconceito contra pessoas que sejam "alternativas" de alguma forma.

3 Restrições Etárias

É estritamente proibido a menores de 21 anos comprar bebidas alcoólicas e a pessoas de qualquer idade beber na praia. Obviamente, dirigir alcoolizado também é proibido – a polícia costuma fazer barreiras nas pontes que saem de Miami Beach para flagrar motoristas suspeitos.

4 Fumo

Na Flórida é ilegal a venda de tabaco sob qualquer forma a menores de 18 anos. Não que faça muita diferença ser fumante, uma vez que é proibido fumar em prédios públicos, inclusive bares e restaurantes. Em todos os restaurantes não se pode fumar, e até mesmo muitos hotéis não têm sequer uma área para fumantes.

5 Gorjeta Inesquecível

Dar gorjeta não é opcional nos EUA. Garçons e garçonetes recebem salário mínimo ou menos e dependem de qualquer gorjeta que se dê. Como muito raramente a gratificação é acrescentada à conta, confira. Se não for, 15% do total sem impostos no almoço e 20% no jantar é o esperado.

6 Com Cara de Turista

Para evitar ser roubado, sem contar o incômodo de ser acossado por um pedinte, tente não parecer perdido e não carregue muita coisa, como bolsas, câmeras, mapas etc. O modo de se vestir não tem tanta importância, pois a maioria se veste de menos – muitos homens ficam sem camisa nas ruas de South Beach. Uma coisa é definitivamente vetada: calçar meias com sandálias.

7 Protetor Solar Esquecido

Se você não levou nenhum protetor solar, saia imediatamente e compre um de boa marca. Queimaduras de sol são o primeiro problema em Miami, e o sol não terá piedade de você. Não deixe de aplicar bloqueador ou filtro solar fartamente e quantas vezes for possível, em especial nas partes expostas do corpo que costumam ser esquecidas. Se você for a praias de nudismo, esse conselho deve ser dobrado!

8 Corda de Veludo

Pode ser muito chato ficar em pé na fila para entrar numa boate badalada – e pode ser que você nem entre. Converse com o gerente do seu hotel para entrar na sala VIP da boate que você escolher. Por um pouco de dinheiro a mais, você pode poupar tempo e evitar uma boa decepção.

9 Aplicação da Lei

Nunca é bom estar do lado contrário dos policiais de Miami. Existem três corporações para aplicar a lei na cidade – a polícia da cidade, os xerifes do condado e a polícia rodoviária, e todos em geral são amistosos e solícitos, com vontade de promover a ideia de que Miami é uma meca do turismo. Todavia, do mesmo modo, se suspeitarem de você, eles podem ser bastante duros.

10 Aids

É uma ideia absolutamente desastrosa fazer sexo sem camisinha numa região sensual como essa. Miami detém uma das maiores incidências de aids nos EUA. Felizmente, a maioria dos bares, sobretudo para gays, têm recipientes enormes com camisinhas gratuitas para ajudar os clientes a se preservar.

Caixa eletrônico; Símbolo de correio; Cartão telefônico

TOP 10 Dinheiro e Comunicações

1 Câmbio de Moeda

Não existem lugares próprios para trocar moeda, embora no Aeroporto Internacional de Miami e em alguns shoppings, como o Sawgrass Mills Mall, haja postos que fazem câmbio.

2 Caixas Eletrônicos

São a forma mais sensata de sacar o dinheiro necessário. Se você tem um cartão eletrônico de todo tipo, é provável que ele funcione em qualquer máquina e você consiga sacar, dentro do seu limite diário. Cobra-se uma taxa, mas o tempo poupado a faz valer. Não se esqueça da sua senha.

3 Cartões de Crédito

É praticamente impensável fazer qualquer coisa nos EUA sem um cartão de crédito, ainda mais num hotel.

4 Cheques de Viagem

Para se prevenir, os cheques de viagem podem ser úteis, ainda que hoje estejam ultrapassados.

5 Bancos

Há inúmeros bancos, e todos têm caixas eletrônicos na rua bem à mão. Se você precisar fazer uma transação dentro da agência, o horário é em geral das 9h às 16h, de segunda a quinta, e das 9h às 18h às sextas. Alguns bancos abrem domingo de manhã.

6 Imposto Sobre Vendas

Ao contrário de certos países, o imposto sobre a venda não está incluído no preço da etiqueta de nada, mesmo no cardápio dos restaurantes. Os únicos itens que não têm imposto são os da maioria das mercearias. O imposto na Flórida é hoje de 6%, mas os impostos locais podem aumentar muito esse índice. Os hotéis de Miami acrescentam 12,5% à conta.

7 Telefones Públicos

Há telefones públicos em alguns postos de gasolina, restaurantes e hotéis, nas calçadas e em outros pontos. Para chamadas de longa distância, é mais fácil usar um cartão telefônico, que se compra em qualquer loja de conveniência. Com o cartão de crédito também é possível, mas mais caro. Em qualquer ligação em Miami, mesmo para alguém na mesma rua, use o código de área 305, sem o 1 diante dele.

8 Celulares

Se o seu celular não é compatível com as redes dos EUA, faz sentido alugar um enquanto estiver por lá. Há vendedores já no aeroporto.

9 Correios

As agências abrem em geral das 9h às 17h nos dias úteis, e algumas, sábado de manhã. Muitas drogarias, hotéis e mercearias vendem selos. Toda correspondência nacional é de primeira classe, e para o exterior deve-se usar via aérea. Se quiser que chegue no dia seguinte dentro dos EUA, use Express Mail.

10 Fax e Acesso à Internet

Há diversos cibercafés. Muitos hotéis e sobretudo albergues também oferecem o serviço, em geral pago. Um bom ponto central de internet em South Beach, a uma quadra da praia, é o Devine Lounge, que também funciona como uma espécie de salão de estar e restaurante. Ali rola uma certa paquera – afinal de contas, você está em SoBe!

Agenda

Câmbio de Moeda

Miami International Airport, 2100 NW 42nd Drive, 305-876-7000 • Sawgrass Mills Mall, 12801 W Sunrise Blvd, 305-935-1110

Cartão de Crédito Perdido

Visa 1-800-336-8472 • MasterCard 1-800-843-0777 • American Express 1-800-528-4800 • Discover 1-800-347-2683 • Diners Club 1-800-234-6377

Cheques de Viagem Perdidos

American Express 1-800-221-7282 • Thomas Cook 1-800-223-7373.

O código telefônico de Miami, 305, deve ser usado mesmo quando se está na cidade.

Local de informação turística; Pratos baratos; Ciclismo

TOP 10 Opções Econômicas

1 Pacotes de Avião e Carro

Para aproveitar Miami ao máximo, você precisa de um carro. Os pacotes avião-carro podem poupar muito dinheiro.

2 Baixa Temporada

Ninguém duvida de que visitar um lugar custa bem menos na baixa temporada. Os preços de hotel caem até dois terços. Verdade seja dita, o tempo é bem mais úmido, mas a brisa marítima torna bem mais tolerável ficar na praia, e o resto tem ar-condicionado. Peça à sua agência de viagens que procure preços promocionais na internet, mas pegue todos os detalhes.

3 Descontos

As brochuras com cupons de desconto, que em geral acompanham mapas úteis, são de graça na maioria dos pontos turísticos e balcões de informação. A economia costuma ser significativa se for preciso pagar para um grupo ou família grande. Às vezes também se acham cupons de desconto em hospedagem e excursões.

4 Atrações Grátis

Pouca coisa é de graça, fora as praias esplêndidas. Mas há parques e jardins que não cobram a entrada, e para passear pelas ruas não se precisa gastar. Um dos maiores prazeres é ver os navios passarem, seja do fim de Miami Beach, em South Pointe, ou vindo da Mallory Square, em Key West.

5 Economia na Hospedagem

Vale a pena sempre barganhar o preço, já que não há preço imutável. Você talvez consiga um negócio muito bom em vários lugares se acertar um preço semanal. Se estiver viajando a negócios, também pode pedir uma tarifa comercial.

6 Pratos Baratos

Apesar dos muitos restaurantes bem caros, há muito mais franquias de redes de fast food. Se esses preços estragam seu paladar, é possível achar lanchonetes locais excelentes que cobram menos por sanduíches bons de fato. Por outro lado, restaurantes e bares costumam dar comida na hora dos coquetéis, se você pedir um. Certos restaurantes também oferecem pratos especiais para quem come entre as 17h e as 18h.

7 Piquenique

Faça um piquenique em qualquer lugar que não tenha uma placa que o proíba. Muitos parques públicos dispõem de mesas e outras instalações, e você pode levar seu lanche para a praia também. No entanto, lembre-se de que jogar lixo em lugares públicos é condenado nos EUA; jogue todo o lixo nas lixeiras.

8 Pague com Dinheiro

Ao fazer uma compra, ainda mais em lojas, pode-se negociar um desconto quando se paga com dinheiro, não cartão de crédito. O lojista economiza a taxa da operadora do cartão e dá a você parte dessa economia – em torno de 2% a 5%.

9 Bicicletas

Não só são mais saudáveis, permitindo aumentar o bronzeado e respirar o ar energizado da cidade, mas também uma das melhores maneiras de circular pelas regiões principais do sul da Flórida. Para muita gente, o único meio de locomoção por South Beach, Key Biscayne, Key West e até certas trilhas dos Everglades é a bicicleta, e o dinheiro que se poupa com ela é significativo.

10 Compras Espertas

Seja o que for que você esteja procurando, de bilhetes a bibelôs, gaste algum tempo para pesquisar e comparar preços. É bem provável que você encontre o mesmo artigo por muito menos se bater perna. Se for algum item de higiene pessoal, por exemplo, vá a uma das grandes e completas drogarias, onde todas as marcas genéricas de quase tudo – de solução para lentes de contato a enxaguante bucal – custam metade da marca conhecida.

Placa sobre acesso para portadores de deficiência; Ônibus que se abaixa

TOP 10 Idosos e Portadores de Deficiência

1 Aposentados

Há décadas a Flórida inteira é o paraíso da aposentadoria – ou "Sala de Espera de Deus", como alguém disse sarcasticamente. Por isso, há muita coisa para idosos.

2 Turistas Idosos

É relativamente fácil viajar para o sul da Flórida, e existem muitos programas que lhes permitem aproveitar ao máximo a estada. Informe-se com a Elderhostel.

3 Dicas para Idosos

Aproveite o tempo livre a que você tem direito, permitindo-se conhecer Miami melhor que o turista apressado. Use os meios de locomoção mais refrescantes – em South Beach, o South Beach Local, com ar-condicionado; em Key West, o Conch Tour Train, com sombra e brisa.

4 Recursos para Idosos

Moradores dos EUA e do Canadá com mais de 50 anos podem se filiar à American Association of Retired Persons, que propicia informação atualizada e descontos. O Elderhostel é para maiores de 60.

5 Descontos e Cortesia

Os idosos têm direito a descontos em viagens, aluguel de carros, hospedagem, entrada em museus etc. Leve uma identidade. Às vezes, a definição de "sênior" pode se referir até a 55 anos! Se você é cidadão dos EUA ou morador permanente, consiga um Golden Age Passport, que dá direito a entrar gratuitamente em todos os parques nacionais, monumentos e locais históricos.

6 Portadores de Deficiência

De modo geral, a região está preparada para portadores de deficiência. A Mobility International USA e a Society for the Advancement of Travelers with Handicaps (SATH) têm mais informações.

7 Acessibilidade em Edifícios

Todos os prédios públicos nos EUA devem, por lei, ter acesso para cadeiras de rodas. Contudo, os hotéis déco, mais antigos, e muitas das velhas pousadas podem ter apenas um quarto adaptado.

8 Transporte

Os ônibus públicos se "agacham" e outros transportes também têm acesso para cadeira de rodas. Alguns táxis e carros de aluguel são dotados de equipamento especial – pergunte antes.

9 Dicas para Portadores de Deficiência

Para circular por lugares como South Beach ou Key West, usufrua o transporte elétrico, em cadeira de rodas própria ou alugada. O calor e a umidade tornam o esforço desconfortável.

10 Recursos para Portadores de Deficiência

Conheça na internet a Access-Able, a Directions Unlimited e a Wheels Up! Ou ligue para os Miami-Dade Disability Services e a Miami Lighthouse for the Blind.

Agenda

Miami-Dade Elder Help Line
305-670-4357

The American Association of Retired Persons
1-888-687-2277

Elderhostel
1-877-426-8056

Sites Sobre Acessibilidade
- *www.miusa.org*
- *www.sath.org*
- *www.access-able.com*
- *www.wheelsup.com*

Miami-Dade Disability Services and Independent Living
305-547-5445

SATH (Travelers with Handicaps)
212-447-7284

Miami Lighthouse for the Blind
305-856-2288

The Access Hotline
305-358-4357

Policiais municipais; Tartaruga – atenção com animais feridos; Gays festeiros

TOP 10 Assistência por Telefone

Agenda

Switchboard of Miami
305-358-4357

Tempo e Temperatura
305-324-8811

Fish & Wildlife Commission
305-956-2500
305-526-2789

Envenenamento
1-800-282-3171

Violência contra Gays
305-358-4357

Primeira Ajuda/ Crises Psicológicas
305-358-4357

Teen Link Line
305-377-8336: gravações; 305-377-8255: falar com terapeuta

Florida Kid Care
1-888-540-5437

Runaway Hotline (Miami Bridge)
305-635-8953

Teach More, Love More (24h)
305-631-8111

Ajuda em Estupro
305-585-7273

Rape Treatment Center
305-585-5185

Miami-Dade Central Intake and Detoxification
305-638-6540

Miami-Dade Advocates for Victims
305-758-2546

1 Atendimento Médico e Polícia

O número geral para qualquer emergência é 911. Em casos menos urgentes, use os números de assistência sugeridos ao lado.

2 Ajuda em Geral

A Switchboard of Miami, 24h, informa a respeito dos serviços de ajuda existentes.

3 Tempo e Temperatura

Ao planejar uma atividade ao ar livre, confira no jornal ou na internet como estará o tempo. Porém, você consegue o boletim mais atualizado sobre as condições do tempo ligando para o número especial da área da Grande Miami.

4 Animais Feridos

Ao circular ao ar livre pelo sul da Flórida, sobretudo nas praias, nos cursos d'água ou nos Everglades, você pode topar com um animal ou pássaro ferido, seja qual for o tamanho. Avise a Fish and Wildlife Commission a fim de conseguir ajuda.

5 Envenenamento

A linha especial de controle de envenenamento dá orientações rápidas e antídotos e explica como lidar com qualquer crise relacionada com intoxicação, inclusive provocada por comida e reações alérgicas.

6 Violência contra Gays

A Gay Anti-Violence Hotline oferece apoio e indica serviços a gays ou bissexuais vítimas de assédio, violência doméstica, ataque sexual e discriminação que ocorram em qualquer parte da Grande Miami.

7 Psychological Crisis Line

Miami proporciona um número para situações de crise, que é como um 911 para problemas e dilemas psicológicos e emocionais.

8 Ajuda a Pais e Filhos

A Teen Link Line tem o objetivo de dar informações diretas e pertinentes a adolescentes, dispondo de 80 mensagens informativas gravadas sobre temas que preocupam essa faixa etária e indicações de terapeutas. Há também os telefones da Florida Kid Care (ligação gratuita), da Runaway Hotline e da Teach More, Love More.

9 Abuso Sexual

Dá-se atendimento em qualquer tipo de trauma relativo a sexualidade e abuso sexual.

10 Drogas e Álcool

O Miami-Dade Central Intake and Detoxification Center atende a chamados de qualquer um que sofra com abuso de drogas e bebida alcoólica.

Hotel lobby; Motel; Estacionamento

TOP 10 Dicas de Hospedagem

1 Opções na Região

No sul da Flórida existe todo tipo de hospedagem, de dormitórios simples em albergues a mansões em resorts inacreditavelmente luxuosos em ilha própria. A maioria dos hotéis, motéis e congêneres fica na praia ou perto dela, ou pelo menos de lugar com água. No interior, as boas opções são áreas urbanas interessantes, com apelo étnico, ou uma velha e incomum cidade nos Everglades.

2 Necessidades e Desejos

A maneira ideal de escolher o melhor para você é se informar sobre esse destino fascinante e rico. Se você quer ar livre e esportes, vá direto às Keys. Se é uma vida noturna de primeira classe, opte por South Beach.

3 Faixas de Preço

Os preços variam bastante. Mesmo em South Beach na alta temporada, a duas quadras da praia, acha-se um quarto para dois, com banheiro privativo, por apenas US$25 por pessoa a diária. Ou, a uma quadra, uma suíte na cobertura de um prédio déco fabuloso por até US$2.500.

4 Negócio Especial

Muitos hotéis impõem uma estadia mínima, mas em geral oferecem um bom negócio em reservas semanais.

5 Como Fazer Reserva

Se você tem intenção de conseguir hospedagem barata na alta temporada, é essencial reservar o mais cedo possível. Garanta a reserva pagando com cartão de crédito e pedindo confirmação por fax e por e-mail. Se você pretende chegar tarde, descubra qual é o último horário de entrada aceitável para que a sua reserva não seja cancelada.

6 Sem Fazer Reserva

Não se recomenda tentar achar um hotel ou outra acomodação sem ter reserva entre dezembro e abril – pelo menos não em South Beach ou Key West, sobretudo em fim de semana. Pode demorar muito tempo para encontrar e você se arrisca a pagar muito mais. Só dá para tirar a sorte grande na baixa temporada.

7 Gorjetas

O comum é dar ao carregador US$1 por mala, tanto quando você chegar ao hotel quanto quando sair. Se deixar a bagagem guardada, a gorjeta deve ser a mesma. Se o seu hotel tem serviço de manobrista, dê a quem conduzir seu carro cerca de US$2 toda vez que isso ocorrer. Se você aprovar o serviço recebido, também pode dar ao pessoal da recepção e da gerência a quantia que achar conveniente.

8 Taxas Ocultas

Como podem ser muitas, esclareça tudo desde o começo. Estacionamento com manobrista pode custar de US$15-20 por dia. Telefonemas feitos do quarto em geral começam em 50 centavos cada um, e em certos casos podem ser cobrados por minuto. Enfim, quando fechar a conta, você notará uma taxa bem salgada de 10% acrescentada pelo hotel, conforme a localização no sul da Flórida.

9 Viagem com Crianças

As viagens em família são o essencial do turismo no sul da Flórida, e todo grande hotel ou resort oferece uma ampla variedade de atividades e serviços – áreas com monitoria, babá, jogos especiais, livros para colorir etc. Em geral, crianças até determinada idade (às vezes até mesmo de 18 anos) podem ficar de graça no quarto dos pais. Além disso, muitos restaurantes dispõem de pratos infantis por preço reduzido.

10 Estacionamento

Estacionar com manobrista é conveniente, mas quase sempre caro demais, e é impossível alimentar um parquímetro o dia inteiro. A única opção sensata é deixar o carro numa garagem, onde se conseguem preços bem mais razoáveis.

Biltmore Hotel; The Breakers; Four Seasons (Palm Beach)

TOP 10 Hotéis de Luxo

1 Loews Miami Beach

O maior edifício déco de SoBe situa-se numa praia no coração de tudo. De várias facetas, o hotel incorpora o restaurante homônimo do chef Emeril Lagasse, um spa e academia de ginástica Elemis e uma incrível área de piscina. *1601 Collins Ave, South Beach • Mapa S3 • 305-604-1601 • www.loewshotéis.com • $$$$$*

2 Mandarin Oriental

Na Brickell Key (Claughton Island), perto do porto e do centro de Miami. O prédio em curva faz a maioria dos quartos ter vista para o mar. Veja promoções no site. *500 Brickell Key Dr • Mapa P3 • 305-913-8288 • www.mandarinoriental.com • $$$$$*

3 The Ritz-Carlton, Fort Lauderdale

Junto ao mar, esse hotel de luxo tem restaurante finíssimo, spa, piscina de borda infinita aquecida e academia de ginástica de última geração. Fica na linha do trólebus, que dá transporte gratuito a Las Olas e outras atrações. *1 North Fort Lauderdale Beach Blvd, Fort Lauderdale • Mapa D3 • 954-465-2300 • $$$$$*

4 Hotel Intercontinental Miami

No coração do distrito comercial, esse é o melhor hotel do Centro, com vistas espetaculares e refeições gourmet. Uma enorme escultura de Henry Moore enfeita o saguão. Os quartos, silenciosos e confortáveis, têm banheiro de mármore. *100 Chopin Plaza, com Biscayne Blvd • Mapa P2 • 1-800-327-3005 • www.ichotelsgroup.com • $$$$*

5 Biltmore Hotel

Prédio marcante *(p. 18)*, com o esplendor e o encanto de tempos passados e também prazeres gastronômicos, no restaurante Palme d'Or. Os quartos têm o grandioso estilo europeu, e nada-se numa das maiores piscinas do mundo em hotel. *1200 Anastasia, Coral Gables • 800-727-1926 • Mapa F3 • www.biltmorehotel.com • $$$$$*

6 Viceroy Miami

Boa parte desse hotel ímpar foi projetada por Kelly Wearstler, e algumas das instalações, como a piscina de 90m, vieram da genialidade de Philippe Starck. Conte com uma profusão de cores e atrações requintadas, como o célebre restaurante Eos. *485 Brickell Ave • Mapa N3 • 305-503-4400 • $$$$$*

7 Mayfair House

No alto de um shopping center exclusivo, as amplas suítes do hotel têm móveis de mogno, banheiro de mármore e sacadas. O estilo mistura espanhol com oriental, realçado por toques art nouveau. *3000 Florida Ave, Coconut Grove • Mapa G3 • 1-800-433-4555 • www.mayfairhousehotel.com • $$$$*

8 Four Seasons (Palm Beach)

Talvez o melhor serviço que você encontrará – de frutas frescas e orquídeas em quartos amplos com vista para o mar a transporte de limusine do centro de Palm Beach. Um dos melhores restaurantes da região. *Lake Worth • Mapa D2 • 1-800-432-2335 • www.fourseasons.com • $$$$$*

9 The Breakers (Palm Beach)

Um marco da tradição da era dos dourados de Palm Beach, cuja decoração lembra o Renascimento Espanhol levado por Flagler à Flórida nos anos 1890. O spa anexo sintetiza os confortos modernos. *1 South County Rd • Mapa D2 • 888-273-2537 • www.thebreakers.com • $$$$$*

10 Key West Marriott Beachside

Esse hotel tem muitas comodidades, inclusive o restaurante merecidamente famoso Tavern 'n' Town. Oferece quartos espaçosos com TV de tela plana e aparelhos modernos, piscina e acesso à praia, que, no entanto, não é boa para nadar. *3841 Roosevelt Blvd, Key West • Mapa A6 • 800-546-0885 • $$$$*

Veja uma lista de hotéis em Miami, Fort Lauderdale, Palm Beach e nas Keys nas **pp. 146-53**. *Mais sobre hotéis fora de Miami na* **p. 131**.

Delano; Raleigh

Categorias de Preço

Para quarto-padrão de casal, por noite, com café da manhã (se incluído), impostos e taxas adicionais.		
	$	até US$100
	$$	US$100-200
	$$$	US$200-250
	$$$$	US$250-300
	$$$$$	acima de US$300

TOP 10 Deco District de SoBe

1 Tides

Esse marcante hotel déco, inteiramente restaurado, tem entrada singular de rocha de coral e localiza-se no meio das atrações de SoBe. A decoração caracteriza-se por roupa de cama branca, sofás estofados e espreguiçadeiras em todos os quartos. Serviço excelente. *1220 Ocean Drive • Mapa S3 • 305-604-5070 • www.tidessouthbeach.com • $$$$$*

2 Delano

Hotel moderno e ultraluxuoso. A austera fachada branca, que ainda é a original, foi restaurada sem grande alarde. Mas, por dentro, a divina loucura de Philippe Starck, junto com os desenhos hilários inspirados em Dalí e Gaudí, ganhou carta branca. A cantora Madonna é coproprietária do requintado e ousado restaurante Blue Door. *1685 Collins Ave • Mapa S2 • 305-672-2000 • www.morganshotelgroup.com • $$$$$*

3 Raleigh

Sem dúvida um dos mais caros hotéis, mas nada menos que fabuloso. A decoração é corajosa e cheia de estilo, contando em geral com peças antigas. A surpreendente piscina foi imortalizada em vários filmes de Esther Williams. *1775 Collins Ave • Mapa S2 • 305-534-6300 • www.raleighhotel.com • $$$$$*

4 The Hotel of South Beach

"Tiffany", como diz a torre de néon, foi o nome do The Hotel até que a famosa empresa entrou com processo. Tem tanto estilo e conforto, idealizados por Todd Oldham, que pode ser considerado uma obra de arte. *801 Collins Ave • Mapa R4 • 1-877-843-4683 • www.thehotelofsouthbeach.com • $$$*

5 Lords South Beach at Nash Hotel

Um dos prédios déco mais sóbrios, construído em 1938 e restaurado impecavelmente com todos os confortos. Os quartos modernos desse hotel abertamente gay são decorados com tons de amarelo, criando um ambiente ensolarado. Há tratamentos de beleza no quarto. *1120 Collins Ave • Mapa S4 • 305-674-7800 • www.lordssouthbeach.com • $$*

6 Avalon

Na verdade, dois hotéis em esquinas opostas da 7th Street, essas joias déco de ótima localização têm excelente custo-benefício. Fica-se no meio do trecho mais badalado de SoBe, em quartos confortáveis, com café da manhã incluso. *700 Ocean Drive • Mapa S4 • 1-800-933-3306 • www.avalonhotel.com • $$$*

7 Albion

Ótimo preço, considerando o luxo extremo desse belo prédio déco com restauração primorosa. Repare nas vigias da piscina. *1650 James Ave at Lincoln Rd • Mapa S2 • 305-913-1000 • www.rubellhotéis.com • $$$*

8 National Hotel

Esse hotel art déco encontra-se no lugar certo para ver e ser visto e é um dos lugares mais na moda de South Beach. Tem uma das piscinas mais compridas da Flórida. *1677 Collins Ave • Mapa S2 • 305-532-2311 • www.nationalhotel.com • $$$$$*

9 Wyndham Garden

Esse imóvel consiste em quatro cubos art déco dos anos 1930 (Kenmore, Taft, Bel Aire e Davis) espalhados por uma quadra inteira entre as ruas 10th e 11th. Com esplêndida restauração, cada prédio encontra-se num jardim espaçoso. *1050 Washington Ave • Mapa R4 • 305-674-1930 • www.wyndham.com/hotéis/MIASB • $$*

10 Casa Grande Suite Hotel

Esse hotel pequeno e luxuoso é um dos melhores da badalada região de South Beach. É só pôr o pé para fora e cair na vida noturna. As suítes são dotadas de vários confortos, inclusive cozinha. *834 Ocean Drive • Mapa S4 • 305-672-7003 • www.casagrandesuitehotel.com • $$$$$*

Veja mais sobre as atrações art déco de SoBe nas **pp. 10-3**

Ritz Carlton Hotel, Key Biscayne; Boca Raton Resort

TOP 10 Resorts e Spas

1 The Fisher Island Club

Os bilionários que escolhem essa ilha exclusiva adoram a privacidade dada pela distância. Carrinhos de golfe pessoais permitem ir a muitas praias, restaurantes, boates etc. *Fisher Island Dr (junto à MacArthur Causeway – ferryboat grátis a cada 15min) • Mapa H3 • 1-800-537-3708 • $$$$$*

2 Fontainebleau Resort & Towers, Miami Beach

Feito nos anos 1950, está entre os melhores hotéis de Miami Beach. Quartos espaçosos, vistas esplêndidas e um luxuoso complexo de piscinas com enorme spa à beira-mar. *4441 Collins Ave • Mapa H3 • 1-800-548-8886 • www.fontainebleau.com • $$$$$*

3 The Ritz Carlton, Key Biscayne

Situado na nobre cidade de Key Biscayne, na Grand Bay, é um grande hotel em todos os sentidos. Lindos ambientes, duas piscinas, quadras de tênis e spa. Um de seus restaurantes está entre os 25 melhores do país. *455 Grand Bay Drive, Key Biscayne • Mapa H4 • 305-365-4500 • www.ritzcarlton.com • $$$$$*

4 Trump International Sonesta Beach Resort

Junto ao mar, esse hotel de 32 andares com jardim suntuoso oferece muitas comodidades, como spa, diversos programas para crianças, sala de ginástica 24h e centro de negócios. *18001 Collins Ave, Sunny Isles • Mapa H3 • 305-692-5600 • www.trumpsonesta. com • $$$$$*

5 Turnberry Isle Miami

Grandioso, com tapetes orientais, detalhes de mármore e centenas de hectares de ilhas ajardinadas e cursos d'água, campo de golfe, quadras de tênis, spa, praia exclusiva e porto. O clima é acolhedor e de alto luxo. *19999 W Country Club Dr, Aventura • Mapa H1 • 1-800-327-7028 • www.turnberryislemiami.com • $$$$$*

6 Doral Golf Resort and Spa, Miami

Mundialmente famoso pelo campo de golfe de competição. Aliás, são sete campos mais quinze quadras de tênis, parque aquático, academia de ginástica e um spa de primeira classe. *4400 NW 87th Ave, Miami • Mapa F3 • 1-800-713-6725 • www.doralresort.com • $$$$$*

7 Boca Raton Resort and Club

Os prédios iniciais foram construídos por um dos primeiros visionários da Flórida, Addison Mizner, em 1926. A mistura de estilos mediterrâneos se manteve, e a lendária opulência está por todo canto, até nos banheiros de mármore com metais originais de latão polido. *501 East Camino Real, Boca Raton • Mapa D3 • (561)-395-3000 • www.bocaresort.com • $$$$$*

8 Cheeca Lodge and Spa, Islamorada

Um incrível mundo insular tropical, com praia maravilhosa, várias piscinas, golfe, tênis, caminhadas na natureza, hidromassagem aquecida, pescaria esportiva, snorkel, windsurfe etc. *Mile Marker 82, Islamorada • Mapa C5 • 305-664-4651 • www.cheeca.com • $$$$*

9 Hawks Cay Resort, Duck Key

Resort exclusivo nas Keys que oferece contato com golfinhos, pesca, escola de vela de alto-mar, mergulho com cilindro, snorkel, para-sail, caiaque, esqui aquático, passeios em barco com fundo de vidro e muitas atividades mais. *Mile Marker 61 • Mapa B6 • 305-743-7000 • www.hawkscay.com • $$$$$*

10 Casa Marina Resort, Key West

O grande hotel pioneiro de Key West ainda exibe seu berço rico. Há um ar de sonho ausente do resto da agitada ilha. Áreas sociais opulentas e quartos discretos, muitos com vista para o mar. *1500 Reynolds St, Key West • Mapa A6 • 1-800-626-0777 • www.casamarinakeywest.com • $$$$$*

Os hotéis aceitam cartões de crédito, têm acesso para deficientes e quartos com banheiro e ar-condicionado, exceto se indicado o contrário

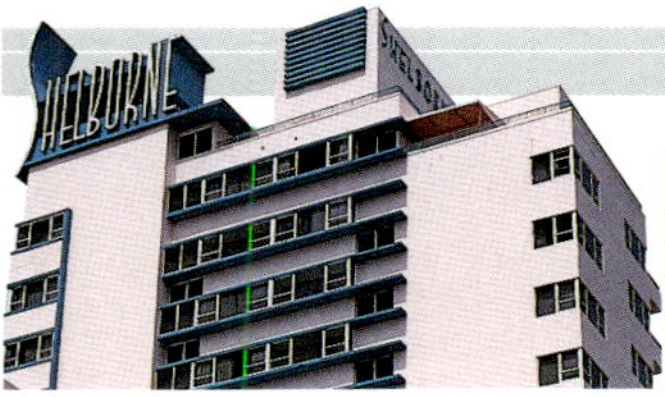

Shelborne Resort

Categorias de Preço

Para quarto-padrão de casal, por noite, com café da manhã (se incluído), impostos e taxas adicionais.

$	até US$100
$$	US$100-200
$$$	US$200-250
$$$$	US$250-300
$$$$$	acima de US$300

TOP 10 Retiros à Beira-Mar

1 Shelborne Resort, South Beach

Junto ao Atlântico, no coração de South Beach, esse hotel art déco num arranha-céu é muito elegante, apesar do preço surpreendente. Seu maior atrativo é a piscina, cheia de estilo, ainda com o trampolim original. *1801 Collins Ave • Mapa S2 • 1-800-327-8757 • www.shelborne.com • $$$$*

2 The Ritz Carlton, South Beach

Situado no histórico bairro art déco em prédio famoso projetado por Morris Lapidus (1953), esse hotel fica pertinho dos restaurantes e lojas da Lincoln Road. Tem 80 quartos junto à piscina e 40 suítes de praia. *1 Lincoln Road, Miami Beach • Mapa S2 • 786-276-4000 • www.ritzcarlton.com • $$$$$*

3 Betsy Ross Hotel, South Beach

O hotel, estilo colonial, pode parecer incongruente com South Beach, mas foi erigido ao mesmo tempo que seus irmãos déco e seguiu outra fantasia. *1440 Ocean Drive • Mapa S3 • 305-531-3934 • www.betsyrosshotel.com • $$$$$*

4 Ocean Surf Hotel, Miami Beach

Bem ao norte de South Beach, esse atraente hotel-butique do Déco Náutico de 1940 fica na praia. Restaurados em 1997, os quartos oferecem frigobar, cofre e TV a cabo. Café da manhã simples incluso. *7436 Ocean Terrace • Mapa H2 • 1-800-555-0411, 305-866-1648 • www.oceansurf.com • $$$*

5 Lago Mar, Fort Lauderdale

Luxo tropical em praia particular imaculada, com duas piscinas, quadras de tênis, shuffleboard e spa completo. Quartos bem grandes, a maioria com vista excelente. Restaurantes magníficos com culinária italiana excepcional no Acquario e carne de gado angus no Chops. Atraente para famílias – reserve bem antes. *1700 S Ocean Lane • Mapa D3 • 1-800-524-6627 • $$$$$*

6 Pier House and Caribbean Spa, Key West

No coração do Seaport District, o hotel é cercado de jardins exuberantes e dotado de quatro bares e excelentes restaurantes. *1 Duval Street, Key West • Mapa A6 • 1-800-327-8340 • www.pierhouse.com • $$$$$*

7 Kona Kai Resort, Key Largo

Trata-se mesmo de um retiro mágico, com jardins maravilhosos. Cada quarto tem decoração própria, no alegre estilo ilhéu, com tecidos tropicais, obras de arte originais e simplicidade com elegância. Possui praia privativa, piscina e hidromassagem. *97802 Overseas Hwy • Mapa D3 • 1-800-365-7829 • www.konakairesort.com • $$$$$*

8 The Atlantic, Fort Lauderdale

Esse resort de luxo muito bem localizado tem spa, academia de ginástica e o conhecido restaurante Trina, com mesas ao ar livre, diante do mar. *601 N Fort Lauderdale Beach Blvd • Mapa D3 • 954-567-8020 • www.starwood.com/luxury • $$$$$*

9 Southernmost Hotel Collection, Key West

Conjunto maravilhoso de imóveis que conta com o Southernmost Hotel, o Southernmost on the Beach, La Mer House e a Dewey House. Cada qual tem seu caráter, mas todos com carisma para criar oásis de tranquilidade numa ilha agitada. *1319 Duval Street, Key West • Mapa A6 • 305-296-6577 • www.southernmostresorts.com • $$$*

10 Doubletree Grand Key Resort, Key West

Lugar ideal para famílias ou para quem quer ter a opção de farrear ou não. Bem perto da ótima Smathers Beach. *3990 S Roosevelt Blvd, Key West • Mapa A6 • 1-888-310-1540 • www.doubletreekeywest.com • $$$$$*

South Beach Plaza Hotel and Villas; Hotel Place St. Michel; Marquesa Hotel

TOP 10 Pousadas Sedutoras

1 South Beach Plaza Hotel and Villas, SoBe

Verdadeiro achado na às vezes exagerada SoBe. Bem descontraído e superamistoso, o lugar parece estar numa ilha remota, mas fica a apenas uma quadra do rebuliço da praia. Os quartos têm personalidade, e há um jardim tranquilo para relaxar. Reserve com boa antecedência. *1411 Collins Ave • Mapa S3 • 305-531-1331 • www.southbeachplazavillas.com • $$$$*

2 The European Guesthouse, SoBe

Com charme do Velho Mundo, muitos dos doze quartos têm mobília Rainha Ana. Isolado, o jardim tropical é ótimo para banhos de sol. *721 Michigan Ave • Mapa R4 • 305-673-6665 • www.europeanguesthouse.com • $$$*

3 Villa Paradiso Guesthouse, SoBe

Todos os quartos, reformados e decorados com belos móveis estofados de ferro fundido, têm porta-balcão para o ensolarado pátio com jardim. Cada acomodação conta com cozinha completa. *1415 Collins Ave • Mapa S3 • 305-532-0616 • www.villaparadisohotel.com • $$*

4 Hotel Place St. Michel, Coral Gables

Hospedaria de estilo europeu construída em 1926, no auge de Merrick *(p. 19)*. Cada quarto tem características próprias, acentuadas por belas peças antigas. *162 Alcazar Ave, com Ponce de Leon Blvd • Mapa G3 • 1-800-848-4683 • www.hotelplacestmichel.com • $$$$*

5 Sea Lord, Lauderdale-by-the-Sea

Esse resort pequeno e charmoso fica bem na praia, mas também perto de lojas e restaurantes. A maioria dos 48 quartos e suítes dispõe de cozinha. *4140 Elmar Drive • Mapa D3 • 954-776-1505 • www.sealordhotel.com • $$*

6 A Little Inn by the Sea, Lauderdale-by-the-Sea

De ótimo preço e cheio de charme, com pátios plantados e chafarizes, junto da praia. Entre os extras, estacionamento gratuito, bicicletas, espreguiçadeiras, tênis, churrasqueira e piscina aquecida. *4546 El mar Drive • Mapa D3 • 1-800-492-0311 • www.alittleinn.com • $$*

7 Barnacle Bed & Breakfast, Big Pine Key

Essa casa intrigante, de estilo caribenho, esconde-se entre palmeiras em praia de areia branca com brisa gostosa. Decoração exclusiva em cada quarto. O café da manhã é servido no átrio, com vista para o mar. *1557 Long Beach Drive • Mapa B6 • 305-872-3298 • $$*

8 The Gardens Hotel, Key West

À sombra de um jardim tranquilo, esse imóvel no estilo de casa-grande é certamente o destaque entre as pousadas de Key West. Cinco prédios formam o hotel, inclusive um prédio com "sobrancelha" das Bahamas. Todos os quartos dão vista para o jardim, e a maioria tem hidromassagem. Suntuoso. *526 Angela St • Mapa A6 • 1-800-526-2664 • www.gardenshotel.com • $$$$$*

9 Marquesa Hotel, Key West

De 1884, o extravagante conjunto de quatro casas *conch* restauradas está hoje em meio a vegetação exuberante. Todos os quartos e suítes têm banheiro de mármore. *600 Fleming St • Mapa A6 • 1-800-869-4631 • www.marquesa.com • $$$$$*

10 The Mermaid & the Alligator, Key West

Joia de 1904, um dos melhores de Key West, com decoração caribenha e belos jardins. Os quartos têm decoração eclética e dão a sensação de intimidade e aconchego. Café da manhã completo servido na piscina; vinho à tarde. *729 Truman Ave • Mapa A6 • 305-294-1894 • www.kwmermaid.com • $$$*

Os hotéis aceitam cartões de crédito, têm acesso para deficientes e quartos com banheiro e ar-condicionado, exceto se indicado o contrário

Categorias de Preço

Para quarto-padrão de casal, por noite, com café da manhã (se incluído), impostos e taxas adicionais.

$	até US$100
$$	US$100-200
$$$	US$200-250
$$$$	US$250-300
$$$$$	acima de US$300

Southwind Motel

TOP 10 Lugares Muito Vantajosos

1 Hotel Astor, SoBe

Fique a apenas duas quadras da praia numa bela joia déco de 1936. Os quartos são amplos e à prova de som, os banheiros têm paredes e piso de mármore e a área da piscina, sebes de gardênia e jasmim. *956 Washington Ave • Mapa R4 • 1-800-270-4981 • www.hotelastor.com • $$*

2 Cadet Hotel, SoBe

Com festiva fachada déco contornando uma esquina, esse pequeno achado tem uma das localizações mais invejadas de South Beach. Confortável, quartos bem elegantes e serviço muito eficiente. Clark Gable hospedou-se no hotel. *1701 James Ave • Mapa S2 • www.cadethotel.com • 1-800-432-2338 • $$*

3 James Hotel, SoBe

Depois de passar pela porta, onde quer que se olhe há azulejos e murais coloridos e todo tipo de detalhe caprichoso, inclusive ao menos cinco placas diferentes de "Welcome". Reserve com boa antecedência – o lugar é fantástico. *1680 James Ave • Mapa S2 • 305-531-1125 • $$*

4 Tide Vacation Apartments, Hollywood Beach

Diante do mar, bem no calçadão da Hollywood Beach, cada acomodação é um apartamento completo espaçoso. *2800 North Surf Rd com Coolidge • Mapa D3 • 954-923-3864 • www.tideapartments.com • Acessibilidade limitada • $$*

5 Beachcomber, Pompano Beach

Ótima sensação de exclusividade por preços bem razoáveis. As acomodações vão de mansão a quarto com ou sem cozinha e suítes na cobertura. Diferentes, as sacadas circulares dão um aspecto chique à arquitetura. *1200 S. Ocean Blvd • Mapa D3 • 954-941-7830 • www.beachcomberhotel.com • $$$*

6 Kon Tiki Resort, Islamorada

O aconchego das velhas Keys. Não que seja elegante – na verdade, é até um pouco tosco, mas acolhedor e confortável. Tem jardins, praia de areia, piscina de água doce aquecida, laguna protegida na baía da Flórida e rampa para barcos. *81200 Overseas Hwy, marco 82 • Mapa C5 • 305-664-4702 • www.kontikiresort.com • $$*

7 Duval House, Key West

Essas graciosas gêmeas vitorianas e sua cerca branca de ripas vão conquistar seu coração. Os quartos são adornados com muito vime e arranjos florais, e todos parecem bastante simpáticos. A localização é imbatível em comodidade. *815 Duval St • Mapa A6 • 1-800-223-8825 • www.duvalhousekeywest.com • $$$*

8 Best Western Hibiscus Motel, Key West

Grande pechincha em Key West, esse motel pequeno está a apenas uma quadra da Duval Street. Os quartos, amplos, têm máquina de café, geladeira e micro-ondas. Incluso no preço, um café da manhã simples. *1313 Simonton Street • Mapa A6 • 305-294-3763 • www.bestwesternflorida.com • Desconto para idosos • $$$$*

9 Best Western Key Ambassador, Key West

Esse hotel diante do mar, de excelente custo-benefício, é um ótimo lugar para relaxar. Almoce junto à piscina ou vá à vizinha Smathers Beach. *3755 S Roosevelt Blvd • Mapa A6 • 305-296-3500 • www.keyambassador.com • $$$*

10 Southwind Motel, Key West

Motel despretensioso à moda antiga. Há uma grande piscina de água doce com deque em jardim tropical. Alguns quartos têm quitinete, e todos os hóspedes dispõem de vaga para estacionar. *1321 Simonton St • Mapa A6 • 305-296-2215 • www.keywestsouthwind.com • $$*

Clay Hotel and Youth Hostel; Tropics Hotel and Hostel

TOP 10 Albergues e Hotéis Baratos

1 Clay Hotel and Youth Hostel, SoBe

Lugar encantador de estilo espanhol, erigido em 1925 e restaurado primorosamente, é também a maior pechincha do Ocidente e está sempre cheio de jovens estrangeiros. Reserve com muita antecedência. *1438 Washington Avenue, South Beach • Mapa S3 • 305-534-2988 • www.clayhotel.com • $$*

2 Deco Walk Hostel, Miami Beach

Esse albergue no coração do Art Deco District só tem dormitórios. Café da manhã grátis, Wi-Fi e festas na cobertura o transformam em uma opção acessível e animada. Vista para o mar e banheiro no quarto. *928 Ocean Drive, Miami Beach • Mapa S4 • 305-531-5511 • www.decowalkhostel.com • $*

3 The Miami Hostel, Miami Beach

Albergue acolhedor, que garante uma estada divertida, tem hidromassagem, bilhar e excursões organizadas, entre elas visita a bares. Café da manhã e Wi-Fi incluídos no preço. *810 Alton Road, Miami Beach • Mapa Q4 • 305-538-7070 • $*

4 Tropics Hotel and Hostel, SoBe

Prédio art déco genuíno, com marquise de néon, num dos locais mais cobiçados de South Beach. Limpo e confortável; pela localização, vale o dobro ou o triplo do preço. Tem até piscina. Reserve com boa antecedência. *1550 Collins Ave, South Beach • Mapa S3 • 305-531-0361 • www.tropicshotel.com • $$*

5 South Beach Hostel, SoBe

É o albergue mais no sul de South Beach, no coração do Deco District. Café da manhã e transporte para o aeroporto inclusos no preço, mais bar completo até as 5h e cibercafé. *235 Washington Ave, South Beach • Mapa R5 • 305-534-6669 • $*

6 Berkeley Shore Hotel, SoBe

Sem dúvida um dos prédios déco mais bonitos da região, com fachada rebuscada e uma profusão de cores tropicais do lado de dentro. Os donos e o pessoal são cubanos em sua maioria – a vivacidade faz lembrar o Caribe. Quartos espaçosos mas simples. Muitos têm quitinete. *1610 Collins Ave, South Beach • Mapa S3 • 305-531-5731 • $$*

7 Green Island Inn, Fort Lauderdale

Negócio fabuloso. O ambiente é tão convidativo e espaçoso que lembra um resort. Detalhes caseiros estão por todo o lado, e cada um dos quartos tem uma decoração tropical só sua, além de cozinha completa. Reserve com boa antecedência. *3300 NE 27th St, Fort Lauderdale Beach • Mapa D3 • 954-566-8951 • www.greenislandinn.com • $*

8 The Chocolate Hostel and Crew House, Fort Lauderdale

Os quartos com beliches, todos de frente para a piscina ou para o jardim, custam nada mais que US$25 por dia. Esse albergue fica a curta caminhada das atrações de Fort Lauderdale e a 1,5 km da praia. Wi-Fi e estacionamento gratuitos. *506 SE 16th St, Fort Lauderdale • Mapa D3 • 954-522-6350 • $*

9 Everglades International Hostel

Entre as incríveis comodidades estão jardins tropicais, acesso à internet e ligações gratuitas para qualquer lugar dos EUA, sala de cinema com tela grande, lavanderia, cozinha completa e panquecas gratuitas. *20 SW 2nd Ave • Mapa C4 • 305-248-1122 • www.evergladeshostel.com • $*

10 Key West Youth Hostel

Oferece passeios para fazer snorkel, aulas de mergulho e aluguel de bicicleta. Tem pátio, área de piquenique e salas de jogos, mas só dez quartos privativos; reserve com antecedência. *718 South St, Key West • Mapa A6 • 305-296-5719 • www.keywesthostel.com • $*

Os hotéis aceitam cartões de crédito, têm acesso para deficientes e quartos com banheiro e ar-condicionado, exceto se indicado o contrário

Royal Palms Resort

Categorias de Preço

Para quarto-padrão de casal, por noite, com café da manhã (se incluído), impostos e taxas adicionais.

$	até US$100
$$	US$100-200
$$$	US$200-250
$$$$	US$250-300
$$$$$	acima de US$300

TOP 10 Hotéis para Gays e Lésbicas

1 Island House, South Beach e Haulover Beach

Dois imóveis para homens gays, com boa variedade de quartos por preços bem razoáveis. *1428 Collins Ave, South Beach/ 715 82nd St, com Harding Ave, Surfside, Haulover Beach • Mapa S3 • 1-800-382-2422 ambos • www.islandhousesouthbeach.com • Alguns quartos têm banheiro coletivo • $*

2 Sobe You, SoBe

Em vizinhança tranquila, a cinco quadras da praia, é uma das melhores pousadas para gays e lésbicas de Miami. Entre as atrações, deque para banho de sol, piscina, festas de vinho e queijo e café da manhã gourmet junto à piscina. *1018 Jefferson Ave com 10th St, South Beach • Mapa R4 • 1-877-599-5247 • www.sobeyou.us • $$*

3 Hotel St. Augustine, Miami Beach

Hotel-butique pequeno e chique receptivo a gays. Todos os quartos têm ducha a vapor e aparador com sabonetes, loções, óleos de massagem e até velas feitas à mão. *347 Washington Ave, Miami Beach • Mapa R5 • 305-532-0570 • www.hotelstaugustine.com • $$*

4 Pineapple Point, Fort Lauderdale

O melhor lugar de Fort Lauderdale para homens gays é como uma floresta tropical, cheio de orquídeas e com piscina de nudismo. Todos os confortos garantidos. *315 NE 16 Terrace, Fort Lauderdale • Mapa D3 • 1-888-844-7295 • www.pineapplepoint.com • $$$$*

5 The Flamingo, Fort Lauderdale

Lugar agradabilíssimo só para gays, a duas quadras da praia. O interior transpira um modesto charme colonial, com fontes, jardins impecáveis, piscina de nudismo, camas de dossel e roupa de cama branca com motivos. *2727 Terramar St, Fort Lauderdale • Mapa D3 • 954-561-4658 • www.theflamingoresort.com • $$$*

6 Royal Palms Resort, Fort Lauderdale

Só gays são aceitos nesse resort, em ambiente tropical exuberante, com piscina de nudismo. Quartos e suítes têm telefone com duas linhas, toca-CDs e internet de alta velocidade. *2901 Terramar, Fort Lauderdale Beach • Mapa D3 • 1-800-237-7256 • www.royalpalms.com • $$$$*

7 Island House for Men, Key West

Esse belo imóvel apenas para gays, onde é opcional usar roupa, tem café à beira da piscina, sauna seca e a vapor, bar, academia de ginástica e sala de vídeos eróticos. *1129 Fleming St, Key West • Mapa A6 • 1-800-890-6284 • www.islandhousekeywest.com • $$*

8 Coral Tree Inn e Oasis Guesthouse, Key West

A dupla de hotéis só para homens, um em frente ao outro na Fleming St, forma a maior opção de hospedagem em quadra totalmente gay. Todos os imóveis são prédios antigos com piscina aquecida e hidromassagem. *822 e 823 Fleming St, Key West • Mapa A6 • 1-800-362-7477 • www.keywest-allmale.com • $$*

9 Alexander's Guesthouse, Key West

Pousada de dezessete quartos com piscina e hidromassagem (abertas 24h todos os dias). A comida é servida à beira da piscina, e a happy hour vai das 16h30 às 17h30. Quartos limpos e confortáveis. *1118 Fleming St, Key West • Mapa A6 • 800-654-9919 ou 305-294-9919 • www.alexanderskeywest.com • $$*

10 Pearl's Rainbow, Key West

Pousada só para mulheres, bem localizada, a duas quadras da praia. Muitos deques à sombra e ao sol, duas piscinas, dois tanques de hidromassagem aquecidos e o Pearl's Patio, bar na piscina. Café da manhã simples incluso. *525 United St, Key West • Mapa A6 • 1-800-749-6696 • $$*

Índice

Os números de página em **negrito** remetem à entrada principal.

Agradecimentos

O Autor
Jeffrey Kennedy, redator de turismo freelance, divide seu tempo entre a península Ibérica e os Estados Unidos.

Principais Colaboradores
Phyllis e Arvin Steinberg moram na Flórida e viajam muito pelo estado para contribuir com os Guias Visuais.

Produzido por Blue Island Publishing, Highbury, Londres

Diretora Editorial Rosalyn Thiro
Diretor de Arte Stephen Bere
Editor Assistente Michael Ellis
Designer Lee Redmond
Pesquisa Iconográfica Ellen Root
Assistente de Pesquisa Amaia Allende
Checagem, Indexação Mary Sutherland
Fotógrafo Principal Peter Wilson
Outros Fotógrafos Max Alexander, Dave King, Neil Mersh, Rough Guides/Angus Oborn, Paolo Pulga, Phyllis and Arvin Steinberg, Clive Streeter, Stephen Whitehorn, Linda Whitwam
Mapas Encompass Graphics

DORLING KINDERSLEY
Editor-Chefe da Série Douglas Amrine
Gerentes Editoriais Fay Franklin, Jane Ewart
Editora de Arte Sênior Marisa Renzullo
Editor de Cartografia Caspar Morris
Diagramação Jason Little, Conrad van Dyk
Produção Melanie Dowland
Revisões Técnicas Namrata Adhwaryu, Riki Altman, Mark Bailey, Claire Baranowski, Louise Cleghorn, Naftali Farber, Rhiannon Furbear, Jo Gardner, Amy Harrison, Esther Labi, Maite Lantaron, Sam Merrell, Catherine Palmi, Quadrum Solutions, Mani Ramaswamy, Collette Sadler, Sands Publishing Solutions, Julie Thompson, Ros Walford

Créditos de Imagem
A Dorling Kindersley agradece aos estabelecimentos mencionados neste guia a assistência e a gentil permissão aos produtores para tirar fotos.

Legenda: a-alto; b-abaixo/embaixo; c-centro; d-direita; e-esquerda

ADDICT: 94ae; AFP: 49bd; THE ART OF SHAVING: 94bd; CARNAVAL MIAMI: 40b; CHRISTY'S: 105ae; COCONUT GROVE ARTS FESTIVAL: 40ae; CORBIS: 39cd; Tony Arruza 112-3; Bettmann 39ad; Mitchell Gerber 49ad; Reuters/Fred Prouser 39bd; Robert Harding World Imagery/Gavin Hellier 4-5; ESCOPAZZO RESTAURANT: 79ae; ESSEX HOUSE: 11ca; EVERGLADES NATIONAL PARK: 119ae; THE FALLS: 54be; FLORIDA GRAND OPERA: Photo Debra Hesser 38ad; FLORIDA KEYS NEWS BUREAU: Andy Newman 26ad, 41ae; FOUR SEASONS HOTEL: 146ad; TOM J FRANKS: 40c; FRITZ'S SKATE BIKE & SURF: 75ad; THE GENUINE HOSPITALITY GROUP: Jackie Sayet 60be; BARBARA GILLMAN GALLERY: 43bd; GREATER MIAMI CONVENTION AND VISITORS BUREAU: 8-9, 14cd, 28a, 35e todas, 38c, 64c, 66c, 70ace, 72a, 74ae, 74ad, 115b, 136ae; GULFSTREAM PARK RACETRACK: 90ad; HISPANIC HERITAGE FESTIVAL: 41be; HISTORICAL MUSEUM OF SOUTHERN FLORIDA: 42ad; INTERMIX: 90ae; vestido Monte Verde de Catherine Malandrino 90c; INTERNATIONAL MANGO FESTIVAL: Suzanne Kores 40ad; KONA KAI RESORT: 122ad; L.A. BOUDOIR MIAMI: 94ad; LINCOLN THEATER: 38ac; LOS RANCHOS: 87ae; LOWE ART Museu, UNIVERSIDADE DE MIAMI: 20a/20b/21 todas, 21b (c) Duane Hanson/ VAGA, Nova York and DACS, Londres 2002, 42ae; MANGOES: Havana Inc. 125ae; MARQUESA HOTEL: Dan Forer 150ad; MIAMI-DADE COUNTY FAIR AND EXPOSITION: 40ac; MIAMI DESIGN DISTRICT: Proprietário: Craig Robins; Artistas: Rosario Marquardt e Roberto Behar *Mural Detail, Buick Building* 46ac; COURTESY OF MORGANS HOTEL GROUP: 58ad; MORIKAMI MUSEUM FLORIDA: 36ad; NHPA: Trevor McDonald 32b; Tom e Therisa Stack 33a; STUART NEWMAN ASSOCIATES: 121ad; NIKKI BEACH: 59ae; NORTON MUSEUM OF ART: 42bd; THE OPIUM GROUP: 77ad; Simon Hare Photography 58bd; PALM BEACH COUNTY CONVENTION AND VISITORS BUREAU: 32ae; PENROD'S COMPLEX: 58ad, 59ae: PICTURES COLOUR LIBRARY: 128b, 129b; RED LIGHT: 95ae; THE RITZ-CARLTON KEY BISCAYNE: 148ae; SOUTH BEACH GAY MEN'S CHORUS: Roberto Ferreira 38ae; TARA, Ink.: Seth Browarnik 58ae, 70ad, 77ac; THEATER OF THE SEA: 116ad; TROPICS HOTEL: 152ad; TWIST: Valentino Eriksen 76ad; VERSAILLES RESTAURANT: 60bd; WALGREENS: IDT 141ad; WOLFSONIAN – UNIVERSIDADE INTERNACIONAL DA FLÓRIDA: 7ad, 22d, 22b, 22e, 23c, 23b, 23a, 42ac, 42c.

Mais informações em www.dkimages.com

Créditos dos Mapas
Martin Darlison (Encompass Graphics Ltd)